FELICIDADE INCURÁVEL

Do Autor:

As Solas do Sol

Cinco Marias

Como no Céu & Livro de Visitas

O Amor Esquece de Começar

Meu Filho, Minha Filha

Um Terno de Pássaros ao Sul

Canalha!

Terceira Sede

www.twitter.com/carpinejar

Mulher Perdigueira

Borralheiro

Ai Meu Deus, Ai Meu Jesus

Espero Alguém

Me Ajude a Chorar

Para Onde Vai o Amor?

Todas as Mulheres

CARPINEJAR

FELICIDADE INCURÁVEL

Rio de Janeiro | 2016

Copyright © 2016, Fabrício Carpi Nejar

Foto da contracapa: John Levisky

Editoração: Futura

Texto revisado segundo o novo
Acordo Ortográfico da Língua Portuguesa

2016
Impresso no Brasil
Printed in Brazil

Cip-Brasil. Catalogação na fonte
Sindicato Nacional dos Editores de Livros. RJ

C298f   Carpinejar, 1972-
            Felicidade incurável / Fabrício Carpinejar. — 1. ed. —
         Rio de Janeiro: Bertrand Brasil, 2016.

            ISBN 978-85-286-2058-0

            1. Crônica brasileira. I. Título.

                              CDD: 869.98
16-29848   CDU: 821.134.3(81)-3

Todos os direitos reservados pela:
EDITORA BERTRAND BRASIL LTDA.
Rua Argentina, 171 — 2º andar — São Cristóvão
20921-380 — Rio de Janeiro — RJ
Tel.: (0xx21) 2585-2070 — Fax: (0xx21) 2585-2087

Não é permitida a reprodução total ou parcial desta obra, por quaisquer meios, sem a prévia autorização por escrito da Editora.

Atendimento e venda direta ao leitor:
mdireto@record.com.br ou (0xx21) 2585-2002

Sumário

PORTA-RETRATOS 11
SUPERPODER 13
O MISTÉRIO DO COFRE DE MEU PAI 15
FLORESCER OS BOTÕES 18
O QUE SE ESPERA DE UMA RELAÇÃO? 21
O MEDO DA MATERNIDADE 24
CASAMENTOS QUE DURAM, CASAMENTOS QUE ACABAM ... 26
MENOS CULPA 28
MEU SONHO É CASAR NA IGREJA 31
ENTENDA O QUE ESTÁ LEVANDO 33
OU AMOR OU PAZ OU FELICIDADE 34
A DISCIPLINA DA FELICIDADE 37
A ALEGRIA VESTE A TRISTEZA 39
NÃO NAMORE SE NÃO AMA O RISO DA PESSOA 41
O QUE OS HOMENS MAIS VELHOS PROCURAM NAS MAIS JOVENS? ... 43
NÃO FAÇA SEGREDO DE SUAS ESCOLHAS 46

TRABALHO SUJO	48
O MENTIROSO	50
ALADIM DOS CAPRICHOS IMPOSSÍVEIS	54
OS AMORES MORTOS NO LUSTRE	57
CONFIAR É AMAR	59
RATOEIRA	62
PERGUNTAS DE CRIANÇA	64
FIADOR DA DESGRAÇA	65
AMOR E TORTURA	67
NÃO DESEJO ISSO NEM PARA MEUS INIMIGOS	68
ANALFABETOS DO AMOR	71
HUMILHAÇÃO É SOBERBA	74
TODAS AS CHANCES DO MUNDO	76
AS VÁRIAS PESSOAS DO SOFRIMENTO	78
ENTRA OU SAI	81
O ANTICRISTO	83
DETETIVE	85
SÓ HÁ UM JEITO DE SOFRER	88
O FIM DEMORA	90
MEXENDO NAS FERIDAS	92
QUANDO SE QUER VOLTAR OU QUANDO JÁ DEU O QUE TINHA QUE DAR	94
INVENTAR PARA O BEM OU PARA O MAL	96
POR QUE NÃO POSSO TE ESQUECER?	99
HORROR	102
RECÉM-NASCIDOS DE UM AMOR PERDIDO	105

DE CORPO INTEIRO	107
RESPEITO DISTANTE	109
QUEM CONCORDA COM TUDO NÃO ESTÁ MAIS CASADO	111
DEPENDENDO DO QUE VOCÊ QUER	113
HOMEM DE LATA	115
O MEDO DE PERDER ALGUÉM	117
O QUE DESEJAMOS QUANDO ESTAMOS MACHUCADOS	119
EDUCADO DENTRO DE CASA	121
CASAL BRIGANDO ESQUECE QUE TEM FILHO	123
INVASORES	125
BRIGANDO DIREITO	127
UMA SIMPLES MENSAGEM	129
CONSTRUÇÃO A DOIS	131
SEPARAÇÃO FELIZ	133
O CIÚME VEM DA FALTA DE ELOGIO E DE JURAS	135
QUANDO O RISO DÓI	138
A SURRA DE CINTO	140
POR QUE PAREI DE LER LIVROS PARA MEUS FILHOS?	142
INFÂNCIA COM INÍCIO, MEIO E FIM	144
LÓGICA INFANTIL	146
SOBREI, SOU PAI	148
CONSPIRAÇÃO DESDE O VENTRE	150
PAIS SÓ DENTRO DO CASAMENTO	153
SUCESSO NA FAMÍLIA	155
ATÉ QUE O FACEBOOK NOS SEPARE	157

UMA CASA NO CAMPO 159
TEORIA GERAL DOS INIMIGOS 161
NÃO FUI CONVIDADO 163
PARENTE E FAMÍLIA 166
AMIZADE 8 PLUS 168
COMO UMA NOTA DE TRÊS REAIS 171
O PODER DO SACRIFÍCIO 173
BANALIDADES ETERNAS 176
NÃO DEIXE DE IR 179
OLHO O TEMPO DENTRO DE CASA ANTES DE SAIR PARA A RUA 182
A SOLIDARIEDADE COM A TRISTEZA DO OUTRO 184
HIDRATAÇÃO PELAS PALAVRAS 187
MANIA DE DISCUTIR PELO MOTIVO ERRADO 189
QUANDO A MULHER SE CALA E O HOMEM FALA POR ELA 191
VULCÃO BRANCO 193
PERGUNTAR OFENDE AS MULHERES 195
SIM, SENHORA! 198
CONSTATAÇÕES 201
A DOÇURA EMBRIAGANTE DA BIRRA 203
O CANSAÇO MASCULINO É AFRODISÍACO 205
SAIR PARA FESTA 207
FIM DA VÁRZEA 210
AGUENTE DECLARAÇÕES DE AMOR SEM GRACINHAS 212
BONECO INFLÁVEL 214
RETÓRICA CAFAJESTE 216

MATURIDADE OU INDIFERENÇA 218

ESCALA MASCULINA DE IMPORTÂNCIA 220

HOMEM IDEAL 221

VIAGRA NATURAL 223

TORTURAS DO AMOR MENINO 225

CHAVE DO TAMANHO 227

SHORT 230

CASAQUINHO PRETO 232

CANGA 234

O CALÇO DA MESA 236

NÃO ACEITE FACILMENTE 238

ANTES E DEPOIS DO COFRINHO 240

DIFERENÇAS DE UM CASAL 242

NA HORA DE VER FILME NA CAMA 244

FELIZARDOS OS CASAIS DA MANHÃ 246

BANHO SEMPRE JUNTO 248

SONHEI COM VOCÊ 250

O FIEL ESCUDEIRO DA GESTANTE 253

PAIS IDEOLÓGICOS 255

UM CASAL DENTRO DE CADA UM 258

A BELEZA DURA POUCO, O FEIO DURA PARA SEMPRE 260

A BELA E A FERA 263

SEI QUE VOU MORRER JOVEM 265

DIFERENTE DE VOCÊ 268

PORTA-RETRATOS

Um amigo fez um porta-retratos com nossa foto para colocar em sua escrivaninha.

Eu me senti mais do que amigo, mais parte de sua família. Foi o maior presente que ele me ofereceu. Foi uma distinção pessoal.

Nós, abraçados, rindo como meninos, ao alcance de sua manhã. Uma cena que será reprisada pelos seus olhos a cada amanhecer. Lembrará de mim mesmo não lembrando.

Estou no meio de seu escritório, na companhia do pote de canetas, do grampeador, do furador, da tesoura e da cola.

Alçado ao espaço escolar do seu ambiente de trabalho. Porque, apesar de crescidos, seremos eternamente estudantes, com o estojo de aula espalhado pelo mundo adulto.

O porta-retratos é soberano. De aparência minúscula, engana a grandeza. Sua composição expressa a réplica de uma fortaleza erguida entre as nossas urgências e afoitezas.

Repare que é um quadro de mão, a pequena parede levantada com cavalete na mesa, como que apontando que aquelas pessoas detrás do vidro são os eleitos de um coração.

É uma trincheira de nossas ternuras, com imagem da esposa, dos filhos, dos irmãos, dos pais, dos amigos. É o nosso santuário, nossa gruta de protegidos e protetores.

O porta-retratos sinaliza o nosso pertencimento a um lugar. Sem ele, somos turistas em nossas casas. Sem ele, podemos partir a qualquer hora. Sem ele, não temos laços e raízes, não cultivamos a nostalgia um pouco por dia.

Não custa quase nada monetariamente e, ao mesmo tempo, guarda o significado de talismã.

Tanto que nas brigas definitivas e separações, o primeiro a apanhar é o porta-retratos. Não escapa da fúria amorosa, sempre sofrendo quedas e arremessos, sempre arcando com retaliação do papel e amputações da companhia.

Quando nos odiamos, quebramos o espelho. Quando odiamos um familiar, quebramos o porta-retratos. O porta--retratos é o espelho que guardamos para o outro.

Assim como serve para a vingança, também é uma maneira lírica de jamais se separar do passado, prático para a saudade. Igual a um travesseiro, fácil de levar ao escritório ou a hotéis. Mantém o tamanho do bolso de um casaco, caracterizado pela simplicidade e despojamento, perfeito para carregar junto ao corpo.

Por mais que seja anacrônico, por mais que seja rudimentar, por mais que seja artesanal, permanece sendo a galeria mais visível de nossas afeições, com um valor maior do que uma foto de tela no celular.

O porta-retratos é o nosso livro para fotos. Encadernamos alguém em nosso amor.

SUPERPODER

Todo mundo é super-herói. Todo mundo tem um poder especial. Uma característica que transforma a existência.

Pode ser uma virtude disfarçada de defeito. Pode ser algo de que você não gosta em si.

Quando conheço alguém, sei que estou desvendando um superpoder por detrás da aparência e da normalidade, uma vida multiplicada por um talento.

No jardim de infância, tinha a Bárbara, que odiava sua boca carnuda. Recebeu o apelido de flor carnívora. Mas foram justamente os lábios desenhados com volúpia que fizeram com que virasse modelo de sucesso. Recordo também de Daniel, na adolescência, com dificuldade de se expressar em público. Abominava sua timidez, gaguejava quando pressionado. Pois sua retração fascinava as mulheres, que o rodeavam e falavam por ele. Não existiu um garanhão igual na faculdade.

Conservamos um trejeito em particular que revela nossa personalidade. Já vi muita gente simples com o superpoder da esperança, capaz de enfrentar diagnósticos terríveis e a morte próxima. Ou com o superpoder da paciência, desarmando brigas com uma voz mansa e calma, sem jamais levar o desaforo para o lado pessoal. Ou com o superpoder da fé, cumprindo quilômetros de joelhos em nome de uma promessa.

Há feirantes com o superpoder do grito, atraindo compradores à distância. Há ambulantes com o superpoder do tempo, farejam pela cor da nuvem ou pela arruaça dos pássaros se choverá dentro de quinze minutos e se devem levantar a barraca. Há quem tenha o superpoder de localização, de tanto andar de ônibus, e palmilhe a cidade de olhos vendados.

O filho Vicente mantém o superpoder dos cílios enormes. Observa de um modo tão misterioso, com aquele olhar de árvore, que logo precipita a eloquência dos familiares — sempre está em vantagem na captura de segredos. Já Mariana guarda o dom da irreverência: dramática, passional, intensa, ela sente o mundo duas vezes mais do que a média. Dela, receberá as mais bonitas, sinceras e corajosas declarações.

O ideal é que seja amado pelo seu superpoder. Descobrir alguém que identifique sua fraqueza, e a reconheça como estimulante, apesar de ser um empecilho no entendimento da maioria.

Se bem que o amor torna qualquer um poderoso.

O MISTÉRIO DO COFRE DE MEU PAI

Meu pai tinha um cofre. Ficava atrás de um quadro do Vasco Prado, em nossa antiga casa na Rua Corte Real, em Porto Alegre (RS).

Ninguém conhecia o código, a não ser ele.

Ninguém enxergava o que ele colocava lá.

Imaginávamos maços de dólares e sacos de cruzeiros. Imaginávamos, eu e os irmãos, que ele alimentava uma montanha de moedas do Tio Patinhas. Que usava uma pá para tirar o excesso e nos repassar a mesada que gastávamos com balas Xaxá no armazém da esquina.

Quando ele mexia no esconderijo, não podíamos permanecer perto. Chamava a nossa mãe para nos levar embora. Era uma questão de segurança.

Um dia, o Rodrigo apareceu com estetoscópio de médico para ouvir o que tinha dentro. Outro dia, o Miguel bateu com um martelinho para verificar a profundidade do fosso. E ainda teve um dia em que a Carla arriscou uma combinação a partir da data de aniversário do pai, não deu certo e quase fomos pegos.

O segredo durou minha infância inteira. Até nossa residência ser assaltada enquanto veraneávamos em Pinhal (RS).

Assaltantes entraram pela janela do banheiro. Entortaram as grades. Levaram a televisão preto e branco e grande parte dos eletrodomésticos.

Ao voltar da praia, meu pai — percebendo a casa depenada — correu em direção ao escritório. Aproveitamos o desespero para ir atrás. Não seríamos impedidos naquela hora trágica.

Largamos as malas no meio do corredor e seguimos a sombra paterna.

O cofre está escancarado. A porta de metal finalmente aberta, estouraram o disco de acesso.

O pai pôs, com extremo cuidado, sua mão no interior do quadrado na parede. Lembro o suspense, a minha respiração parou.

E trouxe do fundo do buraco seis espirais, seis cadernos amarelados.

— Ufa, não levaram!

Carla, a irmã mais velha, perguntou o que era aquilo, pois aquilo não era dinheiro.

— Meus livros de poesia! — o pai respondeu.

Ele usou o cofre para guardar o que possuía de mais precioso: sua obra inédita.

Antevejo a decepção dos ladrões ao puxarem um amontoado de versos. Tanto trabalho para explodir o cofre e só acabariam mais cultos e ricos de espírito.

Mergulhamos em estado de choque. Tampouco cogitávamos a hipótese de ser algo diferente do que uma poupança.

O episódio transtornou o meu modo simplista e direto de entender as pessoas. Cada um tem sua fortuna misteriosa. Algo que é somente valioso pelo sentimento e que não tem como ser valorizado por quem é de fora: um brinco dado pelo marido, uma compilação de receitas herdada da avó, um álbum de figurinhas, uma caneta-tinteiro, uma camisola.

Não menosprezo os objetos da casa dos outros. Não jogo nada fora que não seja meu. Toda recordação pode ser de amor, e o amor é um cofre onde nos protegemos do esquecimento.

FLORESCER OS BOTÕES

Não quero herdar da casa materna os 8 mil livros da biblioteca.

Não quero os quadros de artistas famosos.

Não quero os móveis antigos ou mesmo a cadeira de balanço onde fui amamentado.

Não me interessa nenhum bem de um futuro inventário.

Não desejo nada dali de dentro, a não ser a caixinha de botões. A caixinha de botões que está na primeira gaveta da cristaleira da sala.

E não passarei mais frio na memória.

O desinteressante pote rosa, entornado até a borda, que nem fecha direito a sua tampa de enroscar, lascada do lado direito.

É um museu das sobras da família. É um achados e perdidos de nossos trajes. Tem botões extraviados ou reservas de três décadas, de camisetas e casacos do meu pai, dos meus avós, dos meus irmãos.

Camadas e camadas geológicas de esquecimento doméstico, recuperadas do chão por uma atenta sentinela do guarda-roupa. Uma montanha de tipos e modelos, desde os embutidos aos duplos, dos foscos aos perolados, de todas as cores e formas.

Era o estojo de primeiros socorros antes de um encontro importante, em que notávamos que não tinha como fechar a camisa.

Lá vinha a mãe acalmar o nosso desespero. Sempre achava o botão certo, o botão ideal, o botão igual. Impressionava-me a quantidade inesgotável de gêmeos guardados naquele berço miúdo.

Havia uma alegria quando ela colocava o fio preto ou branco na cabeça da agulha e nos prendia de novo às certezas da rotina. Ela recuperava a ordem natural do nosso crescimento, como se devolvesse o pássaro ao ramo, o peixe ao rio, a estrela ao céu.

Dedicava tardes esparramando seu conteúdo na mesa, buscando adivinhar a origem de cada uma das peças, realizando combinações, brincando de estilista de brechó, remontando o meu passado de menino.

Mas confesso que também havia uma tristeza no quebra-cabeça dos pequenos objetos, uma melancolia, botões de flores que ficariam fechadas e jamais desabrochariam com o toque das unhas.

Significava ainda restos das pessoas, rastros de beijos e amizades, aguardando uma adoção desesperada, uma nova encarnação.

Ia além. Imaginava os botões como testemunhas dos principais acontecimentos de uma vida. Serviram para desabotoar os seios da primeira noite de uma mulher ou para fechar a blusa durante a despedida de uma paixão.

Os botões são as âncoras de nossas mãos.

Os botões são as moedas das roupas, o troco de nossas ambições.

O botão é o sino do pano.

O botão é o brinco da veste, o brilho do detalhe.

O botão é um estetoscópio natural. Sem ele, o tecido não escuta a pele.

O botão é a maior das insignificâncias.

Você somente lembra que precisa dele quando o perdeu. Assim como o amor de mãe.

O QUE SE ESPERA DE UMA RELAÇÃO?

Que não tenha mentiras. Nem traição.

Que perceba o que gera ciúme, não se envaideça da insegurança e procure esclarecer as dúvidas com firmeza.

Que proporcione segurança, sem falsos compromissos. Que o outro possa se ausentar com tranquilidade, não precisando se preocupar se você está fazendo o que falou.

Que não exerça a cumplicidade do mal com os próximos, desmerecendo quem você ama.

Que não permaneça de conversa e flerte com ex e interessados, que não ache graça em realizar as coisas escondido, como se fosse mais esperto.

Que não crie juízo final em cada discordância.

Que feche o passado amoroso por respeito e não traga à tona o quanto já foi alegre e livre antes. Afinal, experiência que virou sabedoria é silenciosa.

Que não resvale em soberba e prepotência na hora de ouvir conselhos e aceite opiniões diferentes da sua.

Que respeite quem viveu mais e pode exemplificar dilemas.

Que não desmereça o significado de nenhum presente ou agrado.

Que entenda o senso de humor e a alegria de sua companhia.

Que participe do trabalho do outro.

Que faça demonstrações de como seu par vem sendo especial e decisivo em sua vida.

Que recorde os momentos de entrega e romance para nunca se distanciarem da paixão.

Que conte o que está pensando, antes de qualquer pergunta.

Que exponha seus gostos e não cobre adivinhação. E que não se insulte em repetir as preferências. Esquecimento nem sempre é desinteresse.

Que destaque o quanto prefere viajar a dois, para dividir as lembranças e somar as memórias.

Que organize férias e alimente expectativas.

Que não deboche pelas costas.

Que não repita as ofensas que mais doem numa discussão.

Que não agrida fisicamente por nada neste mundo.

Que os projetos sejam cumpridos e jamais abandonados. Pela insistência, diferenciamos o sonho do capricho.

Que jamais despreze o salário ou gaste algo sem a dimensão do esforço que custou.

Que as atividades planejadas diariamente, ainda que desagradáveis, não sejam canceladas.

Que não use dois pesos e duas medidas, que aquilo que peça também seja feito de sua parte.

Que abra espaço para o programa predileto do outro uma vez por semana.

Que prepare um jantar ou um café de surpresa para roubar risos.

Que conforte na doença e acalme na tristeza.

Que tire um dia no final de semana para preguiça da conchinha e da tevê.

Que participe das contas, do planejamento da casa.

Que festeje as virtudes do outro com os amigos e que exponha, reservadamente, os defeitos que incomodam.

Que combata as injustiças com ardor.

Que agradeça as gentilezas retribuindo com novas gentilezas.

Que não incentive intrigas e procure aproximar os familiares.

Que todas essas regras sejam espontâneas e esquecidas dentro da felicidade. Pois existe apenas um jeito de amar que dá certo: quando amamos com caráter.

O MEDO DA MATERNIDADE

Tenho amigas que escolheram não ter filhos. Escolheram. Não queriam mesmo. Elegeram como objetivo viajar ou namorar ou se dedicar ao trabalho. Venceram o preconceito de que seriam menos mulheres sem a maternidade. São felizes dentro de sua autonomia de viver e não serão chamadas de tias solteironas.

Não há mais a corrida pela forca da maternidade com a chegada dos 40 anos. É uma opção, não uma obrigação social, não um condicionamento ideológico. Supera-se cada vez mais o entendimento restritivo da mulher como progenitora.

Para as mulheres que desejam um filho, a dificuldade maior não é a criança, ainda que conte sempre com a chance da produção independente. É o medo de não encontrar um pai decente para a criança. Um homem que realmente seja fruto do amor e que siga lhe respeitando ainda que não esteja mais junto depois da relação. O medo é criar laços com alguém que não pretende nunca mais ver na frente.

O medo é acabar o romance e não sobrar nem o amigo para dividir a responsabilidade pela educação. É terminar o encantamento e não sobreviver nem a serenidade do respeito, a ponderação do cuidado, a reverência pela fragilidade da infância. O medo é o íntimo virar estranho e o estranho virar aspereza.

O medo é ser refém de um desequilibrado ou de um indiferente, após uma paixão repentina e absolutamente ilusória. E descobrir tarde demais que não existe compatibilidade intelectual, amorosa e de princípios.

O medo é que o filho experimente um pai ausente, um pai burocrático, um pai que não mexerá uma vírgula de sua pensão, que reduzirá a possível cumplicidade a visitas esporádicas e hostis.

O medo é se relacionar eternamente com uma pai feito de papel, nunca de atitude, um pai biológico, que não é espiritual, um pai com uma ligação sanguínea e jamais cardíaca.

O medo é dar uma maternidade atenta e generosa ao filho, mas passar o tempo inteiro tentando diminuir os danos de uma paternidade problemática e traumática do outro lado.

O medo é amparar a solidão da noite do aniversário de sua criança e explicar o inexplicável motivo daquele pai não telefonar ou não procurar em data tão importante.

O medo é ser condenada a conviver com as ameaças de processos de guarda do filho por teimosia ou vingança.

O medo é suportar caprichos e desmandos da família paterna, buscando interferir na educação sem a contrapartida da oferta de nenhuma ajuda e apoio.

O complicado de ser mãe é definir um bom pai. O bom pai dura a vida inteira, muito diferente de um marido que pode durar até onde a razão aguentar.

CASAMENTOS QUE DURAM, CASAMENTOS QUE ACABAM

A taça jamais se parte, apesar do vidro finíssimo, da redoma absolutamente inofensiva, da delicada superfície de gelo.

Estou invicto. Cuido tanto, tiro qualquer louça da pia para evitar choques, não arrisco nenhum movimento impetuoso, eu me fixo suavemente ao esfregar a esponja nas extremidades.

Já vivo quebrando os copos mais resistentes. Não controlo o excesso de espuma, eu me distraio com os pensamentos, eles escorregam ou trincam na torneira.

É uma grande metáfora para os relacionamentos.

Casamento que dura é o mais difícil. Casamento que acaba é o mais fácil.

Quando é um casamento brigado, que tem a fragilidade como marca, somos condicionados a prestar mais atenção aos riscos e problemas e mergulhamos diariamente num estado de alerta.

Temos a consciência de que pode terminar a qualquer momento, então preservamos mais as palavras e os gestos, dedicamos um maior tempo para prevenir mensagens desagradáveis e ofensas. O medo da ruptura, sempre próxima, faz com que redobremos a apreensão com os laços.

Já quando o casamento é estável e sem sobressaltos, abandonamos a companhia ao léu porque não precisamos de muito esforço. O piloto automático desenvolve a insensibilidade diante do aumento e da diminuição da velocidade. Há o risco do tédio e da indiferença. Não nos preocupamos em agradar, e podemos nos distanciar do romance e da atração.

Casal que se desentende é obrigado a escutar o contraponto incessantemente. Casal que se entende pensa que conhece o seu par, adivinha, não escuta e fala pelos dois.

Casal com temperamentos antagônicos entra em disputa de atenção e não desiste de seduzir e de surpreender. Casal com afinidades custa a perceber a insatisfação do próximo.

Casal com diferenças gritantes pede desculpa e se prontifica a reparar o erro. Casal que age por identificação não espera nenhuma frustração e não perdoa com facilidade.

Casal que discute aumenta o contato e a intensidade sexual. Casal que não se aborrece desemboca na amizade assexuada.

A convivência entre os opostos é superior em termos de cuidados do que a convivência entre os iguais.

O apocalipse iminente gera a salvação. O paraíso previsível gera acomodação.

Uma linha de costura prende mais o casal do que uma corrente ou uma corda. A possibilidade de romper o nó sensível permite que os dois se olhem a todo momento para verificar se permanecem juntos. Estão infinitamente se reparando e se observando para evitar o desligamento da união. Por sua vez, a firmeza da corrente e da corda criam um relaxamento e um dos dois pode se mexer bruscamente e derrubar o outro e demorar para descobrir e, mais ainda, para socorrer.

MENOS CULPA

Alguns leitores questionam que eu não poderia falar de casamento, pois já me separei quatro vezes.

Que moralismo é este? Que inquisição? Que preconceito da idade da pedra?

Aliás, só posso falar de casamento porque me separei quatro vezes e sei o que é sofrer e o que é recomeçar e o que é doer sozinho. Já me separei, já fui separado, já dei o fora, já recebi o fora. Pela bagagem, posso ajudar muita gente a não passar pelo mesmo calvário e evitar choques desnecessários. Conheço de cor as crises, as manhas e as precipitações dos dois lados da conversa. Mesmo veterano, ainda será natural ser surpreendido com novas experiências e mudar aquilo em que acreditava — não estou imune a qualquer transformação.

Seguindo o raciocínio do preconceito, quem casou uma vez pode opinar sobre o seu amor, mas não sobre os mais variados amores. Enfrentará a restrição da ausência de comparação. E também não contará com um fim para entender o que é saudade ou remorso ou ressentimento ou alívio ou paz de espírito.

Supervalorizamos a experiência em detrimento da sensibilidade. Um padre pode oferecer os melhores conselhos, apesar de jamais ter casado.

A única diferença que tenho com os outros é que me exponho. Nada mais. A literatura faz com que pareça que casei mais do que todo mundo. Os leitores sabem do meu início e do meu final, acompanhando passo a passo a minha intimidade e forçando uma falsa promiscuidade ou uma ilusória quebra de promessa. Mas não há discrepância nenhuma com qualquer um que procura ser feliz e é corajoso o suficiente para continuar tentando.

Passei por quatro relacionamentos em quarenta e três anos, sendo que casei somente uma vez no civil por treze anos. Deveria contar que casei apenas uma vez? Vale apenas o que é formal? Não, né? Cada vez mais o namoro é união e ambos dividem a mesma casa para testar a sua compatibilidade.

Não namorei muito, tive mais dois namoros ao longo de minha trajetória. É muito? Conheço uma porrada de amigos que namoraram sete vezes pelo mesmo tempo que eu e não arcam com nenhuma cobrança social.

Não estamos mais no século passado em que não havia a possibilidade de divórcio. Não podemos usar uma mentalidade arcaica de único matrimônio, tendo em vista que a nossa longevidade é muito maior do que antes e não mais morremos aos 60 anos. Hoje existem grandes chances de experimentar três casamentos de vinte anos, ou seja, três longos casamentos, com o risco de não conseguir determinar qual foi o nosso grande e decisivo amor. Talvez seja honesto dizer que houve três grandes amores, só que facilitamos a posteridade para o mais recente, que acaba recebendo os créditos de último amor.

A culpa não ajuda coisa alguma, só traz o medo de viver.

MEU SONHO É CASAR NA IGREJA

Nunca me casei na igreja, este é o meu sonho. Eu me guardo para este sonho. Eu luto por este sonho.

Fazer sem pensar é inconsequência. Fazer pensando é compromisso. Eu me comprometo comigo.

Penso rápido, mas penso. Penso com devoção. Ideias guardadas apenas envelhecem, não são como o vinho, não melhoram com os anos. Realizo enquanto tenho condições de realizar, ainda que imperfeito. Não adianta se conscientizar dos atos e do que seria melhor tarde demais. O que vejo de gente se arrependendo quando não pode mais consertar nada. O perdão se come quente, com o prato fumegando.

Não agirei bêbado e colocarei a culpa na bebida. Não agirei desesperado e colocarei a culpa na carência. Agirei porque quis. Enquanto é hora.

Se errei, se não deu certo, fui eu mesmo que escolhi o meu destino. O destino é meu de qualquer jeito, acertando e falhando.

Se fui enganado, se fui desamado, era um risco que corria. Minha vida não é comprada, não ganharei nenhuma luta por antecedência.

Pugilista ou poeta não pode reclamar de sangrar e apanhar. Não pode lamentar os hematomas, não pode protestar por injustiça, não pode praguejar o ringue.

É da minha natureza confiar no amor e confiar mesmo depois que a pessoa já provou o contrário. E confiar de novo e confiar mais uma vez diante da repetição do erro até que o outro aprenda o que é confiança.

A fragilidade é fortaleza. A vulnerabilidade é lealdade.

Quando o destino não me ajuda, fecho a guarda e sigo pela contagem dos pontos. Não abandono o meu coração.

O sofrimento é meu e também é parte da paixão. Não tenho como não sofrer quando me entrego. Não sei o que minha companhia é capaz de oferecer.

Garanto minhas intenções, mostro quem sou desde o início. Não encampo propaganda enganosa, ninguém descobrirá alguém diferente dentro de mim daqui a um tempo.

Sou monótono de tão passional, sou previsível de tão disposto, pois não mudo minha intensidade.

Caráter é como falamos a verdade mesmo quando não nos beneficia.

Ao morar junto em três dias ou três meses, estou sabendo que será por toda a vida. É o que espero até o último beijo. Ou até a consagração do altar.

ENTENDA O QUE ESTÁ LEVANDO

Minha solidão custou caro. Custou toda a minha sinceridade. Custou todas as minhas verdades. Poderia ter me facilitado, mas me dificultou. A solidão é a dificuldade de ser.

Não nego a minha solidão. A solidão é o meu caráter, a minha infância passada a limpo. A solidão é minha exigência de sol nas palavras. A solidão é uma selvageria de honestidade. A solidão é a minha lealdade. A solidão não é sorte ou azar, é escolher quem eu sou dia a dia.

A solidão é uma velhice que tenho desde que nasci. A solidão é sempre cuidar para a liberdade não virar egoísmo. A solidão é uma dieta para a vaidade.

Venho pagando a minha solidão, não devo nada para a consciência.

Por não mentir, fiquei sozinho. Por não suportar bajulação, fiquei sozinho. Por não me sujeitar a ter vantagem, fiquei sozinho. Por defender as minhas ideias, fiquei sozinho. Minha solidão não foi barata.

Minha solidão tem dois filhos. Minha solidão tem seis amigos fiéis. Minha solidão tem uma imensa biblioteca.

Quando casar comigo, entenda o que está levando.

OU AMOR OU PAZ OU FELICIDADE

Há sempre uma confusão entre amor, felicidade e paz, como se fossem sinônimos.

Um equívoco é achar que no amor terá paz e felicidade. Ou na paz terá felicidade e amor. Ou na felicidade terá paz e amor.

Esqueça a mania de combos e pacotes.

Eu vejo que são ideais que não estão interligados. Há um contingente treinado para o amor, uma parte para a paz e ainda mais um grupo feito para a felicidade.

A opção surge de condicionamentos, costumes e crenças ao longo da vida, às vezes inconscientes.

Certo é que escolheu um partido sentimental na adolescência, que definirá a natureza de seus relacionamentos dali por diante.

Pode ser a separação dos pais que gera uma obsessão pelo amor ou um temperamento arisco que propicia um apreço pela paz ou a troca constante de residência que cria uma simpatia pela felicidade (improvisar e se aventurar, sem prestar contas).

São fórmulas diferentes de existência, softwares de alma diferentes.

O que provoca o maior confronto no casamento ou namoro.

O casal pode ser formado por aquele que mantém o ideal do amor e aquele que deseja a paz. E eles não percebem o conflito desde a nascente e o desgaste penoso de comunicação.

Enquanto ela — filiada ao amor — não tem nenhum problema em se entregar, em ser dependente, em estar perto e realizar planos conjuntos, ele — ligado à paz — somente aspira à tranquilidade, garantir seu espaço e proteger seus gostos individuais.

A primeira reparte seus mínimos acontecimentos, arruma surpresas e inventa agenda romântica, o segundo é mais quieto e lacônico, pretende permanecer mais na sua rotina, e não entende a costumeira insistência de mais e mais encontros. Por sua vez, a primeira também não compreende a frieza de seu namorado, que prefere se manter distante alguns dias e horários.

Não participam da mesma conversa e entram em choque. Um não é melhor do que o outro, apenas não captaram a essência antagônica.

Presos a um consenso de que se gostam, não identificam os objetivos divergentes. Estão ligados pela convivência, mas separados conceitualmente.

Os ideais de vida são opostos, fazendo com que ambos briguem com frequência e tenham a sensação de que amam errado (jamais agradando ao seu par).

As vontades, absolutamente naturais e soberanas, em contato com a companhia, assumem contornos problemáticos de exigências.

Quando as reclamações são por mais tempo lado a lado, a pessoa é do time do amor. Quando as reclamações orbitam pelo respeito e maior espaço, a pessoa claramente está vinculada ao time da paz. Quando as reclamações decorrem por mais leveza e menos drama, a pessoa pertence ao time da felicidade.

Um exemplo é quando sua namorada adoece no domingo. Quem é da ala do amor, mesmo que tenha acordado alegre e disposto a passear, vai se solidarizar a ponto de não pensar em mais nada. O abatimento dela influenciará o seu temperamento. Mudará suas pretensões para amparar, confortar e cuidar. Quem é da ala da paz seguirá com seus planos, o incidente não alterará seu humor, acredita que ela melhorará e se mostrará atento em caso de alguma necessidade. Quem é da ala da felicidade ainda se sentirá ofendido pelo transtorno, já que ela estará estragando sua possibilidade de aproveitar o final de semana.

Sorte é de quem é do amor e encontra alguém do amor, é da paz e encontra alguém da paz, é da felicidade e encontra alguém da felicidade. Daí, com menos esforço, amor, paz e felicidade são capazes de vir juntos.

A DISCIPLINA DA FELICIDADE

Felicidade é disciplina. Pode soar estranha a minha leitura. Mas não é loucura, transgressão, exceção, fugir do óbvio.

É viver o normal potencializado pelas palavras e pelos rituais. É viver o normal em outra dimensão do sensível.

A felicidade vem de um estado quase militar, quase estoico, de dividir o sol e a lua em hábitos para se repartir melhor, de respirar controlando a respiração, de caminhar com o peso das unhas (pois as unhas pesam quando tudo está leve).

Não sonhar, mas ter disciplina para cumprir a fantasia. Não desejar, mas ter disciplina para elaborar a vontade.

O precário pode ser o essencial, a pobreza pode ser o fundamental. A riqueza surge da percepção, como recebo! é o que importa.

Não é que a vida é pouca, é que estamos sendo poucos para a vida naquele momento.

Felicidade é estar dentro dos limites, e perceber cada um deles como proteção, em vez de censura e proibição.

Felicidade é intensidade. É se pôr inteiro no lugar em que você está, não no minuto anterior, nem no próximo minuto.

Inteiro: beber o tempo que a sua boca pode beber, não beber com os olhos ou com os ouvidos, que bebem o infinito e se afogam.

Não querer tudo, querer o que se necessita.

Porque a ansiedade não é esperança, é agredir o instante.

Contar com a consciência daquele ato: o motivo de estar ali, a necessidade de estar ali, a urgência de estar ali.

Não transar por transar: transar sabendo com quem está transando, sabendo a importância daquela história, o motivo daquela pessoa passar pelo seu corpo, o quanto ela lhe dá prazer, o significado de cada abraço, beijo, lambida, toque, sussurro.

Não agir pela carência, e sim pela escolha. Eleger a si todo dia para o mundo.

Felicidade é consciência apurada.

A ALEGRIA VESTE A TRISTEZA

Tenho uma predileção por uma frase de Federico Fellini: para a sombra existir, o sol deve estar a pique na cabeça.

Sem a luz, o escuro não se forma. Sem o escuro, a luz não tem sentido.

O mesmo acontece com a alegria.

Dentro da alegria mais genuína, mais intensa, mora a sombra da tristeza. A tristeza só existe em função da alegria. É o medo de perder a felicidade que faz com que você se esforce para mantê-la.

Não há alegria inteira, nem tristeza pura, uma depende da outra. Podemos transpirar euforia, mas sobreviverá uma pontinha de melancolia lá no fundo de nosso riso. Porque mantemos a consciência de que a alegria, por mais duradoura que seja, vai passar. Que ela logo se transformará em nostalgia, e que não estaremos mais plenos como daquele jeito de novo — e isso não é ruim e nem é bom, é inevitável da experiência. A tristeza dentro da alegria nos permite pensar e entender o quanto aquele momento é importante e que precisamos aproveitá-lo enquanto dura.

A alegria é esta vontade de ser para sempre que termina. A tristeza vem nos consolar, fazendo-nos aceitar que o fim de uma lembrança não significa o fim de nossa vida.

De igual forma, dentro da tristeza mais severa, da depressão mais aguda, é possível notar a presença de uma alegria discreta, retraída, tímida. Tudo pode soar péssimo, mas um abraço, um quindim, um filme, o telefonema insistente de um amigo é capaz de nos devolver a vontade de dar a volta por cima. A simplicidade é terapêutica, a banalidade nos cura dos grandes males da solidão. Haverá sempre o sol por detrás das nuvens escuras dos pensamentos suicidas. Na sombra mais espessa de nosso temperamento, coexistem os raios solares minúsculos do contentamento, das dádivas da rotina e dos pequenos prazeres. Estaremos desolados com o tempo fechado e chuvoso do rosto, não enxergando nenhuma saída, mas a alegria se conservará perto e nos mostrará que a tristeza também passará, que é uma fase e um ciclo para absorver separações, desentendimentos e traumas. A lágrima brilhará como uma vidraça limpa e iluminada.

Se a tristeza é saudade dentro da alegria, a alegria é esperança dentro da tristeza. Nenhum sentimento é definitivo e completo.

A luz veste a sombra, a sombra veste a luz. A alegria costura a tristeza, a tristeza costura a alegria. Alfaiates que se revezam no longo pano dos dias.

NÃO NAMORE SE NÃO AMA O RISO DA PESSOA

É preciso se apaixonar pelo riso do outro antes de namorar.

É preciso se apaixonar pela gargalhada antes do romance.

O riso é a brisa farfalhante do rosto. O sopro benfazejo. O recreio das linhas faciais.

É preciso se apaixonar pelo jeito que a pessoa sorri para as fotos, pelo modo como sorri de canto, de boca inteira, flertando o infinito.

Mais do que gostar do corpo ou do olhar, deliciar-se com o riso, maravilhar-se com o riso. O amor não vive em cinema mudo. O amor não vive de legendas. O riso é Espírito Santo: fala todas as línguas.

Não há como se envolver sem admirar o som do contentamento de nossa companhia, o timbre por detrás da risada.

O riso é decisivo. Não pode ser melhor do que a piada, nem reprimido como um resmungo.

Não pode ser histérico, muito menos desafinado.

Assim como não se ri olhando para o chão, o riso é o reverso do choro, altivo, otimista, levanta o queixo, bebemos o ar no gargalo do céu.

O riso é a música que cada um traz da orquestra de seu pulmão, desde quando fugia das cócegas de bebê, desde quando se escondia em pilares para receber o susto dos adultos.

O riso é a voz mais pura, determina como gememos ou sussurramos.

Cada um ri como um instrumento. Meu riso é do tambor. Rufadas de risos. Rio alto. Há também o riso safado do tamborim, o riso sensual do saxofone, o riso sério do trompete, o riso lânguido do violoncelo, o riso triste do violino. Nunca se fez um coral de risos, mas que bonito seria compor agudos e graves somente de sorrisos.

Ame o riso do seu amor, para ter vontade de fazê-lo feliz. Do contrário, fará de tudo para que seu par seja triste.

O QUE OS HOMENS MAIS VELHOS PROCURAM NAS MAIS JOVENS?

Não é a estética ou o corpo firme ou a ostentação da beleza, como é costume afirmar. São as hipóteses mais previsíveis. Tampouco seria um movimento para ludibriar a velhice.

Homem mais velho não pretende recuperar o tempo perdido e fingir que rejuvenesceu quando vai atrás de uma mulher mais jovem. Nem é para esnobar antigas companheiras de sua faixa etária ou resolver suas dívidas paternas e edipianas.

Ele procura o romance. O espírito engenhoso e floreado do romance. É curiosamente seduzido pelo conto de fadas (jamais perde sua ingenuidade, mesmo depois de atravessar doloridos divórcios).

Busca a mulher mais jovem por entender que ela ainda confia no amor, mantém intacta a fantasia, o sonho de casamento e filhos. Não foi contaminada pelo ceticismo e amargura. Singulariza o contato, na expectativa de encontrar um sujeito para o resto dos seus dias. Ela se importa com a sinceridade, a lealdade e a fidelidade. Pode terminar a relação por uma mentira, e só termina a relação por uma mentira quem defende utopicamente a verdade.

A mulher jovem namora, flerta, tem pudores e receios, medos e curiosidade, disposta a cumprir todas as etapas da intimidade: reconhecimento, desavenças e superação. Não frequenta atalhos, preserva o enredo e os rituais de aproximação. Valoriza a conquista e o passo a passo. Prolonga o suspense e o mistério, para recompensar sua companhia com declarações de arrebatamento.

Dá espaço para confiar e conhecer, não julga e condena por antecedência. Não teve nenhum ex traumático que criou ojeriza de promessas e converteu a experiência em recalque. Inflama a vontade de felicidade na união e oferece credibilidade para ser convencida da seriedade dos laços.

É evidente que o homem mais velho se sente útil, enxerga-se útil, precisa enfrentar o trabalho de seduzir e provar seu valor. E também experimenta a possibilidade de ser virtuoso. Abraça o casamento como uma reinvenção de si, reerguendo sua virilidade pelo desafio. Assim como também é óbvio que é mais fácil ser idealizado por quem é jovem do que por quem tem a sua idade.

O homem mais velho está interessado hoje em fazer romance. Depois do Viagra, não precisa mais se preocupar com seu desempenho no sexo. O sexo não é mais tudo como antes. Acabou um problema e sobrou disponibilidade para cortejar e conviver.

Já as mulheres maduras são muito mais livres sexualmente, só que estão descrentes do romance. Levam o realismo como bússola. Não conservam grandes anseios amorosos, não alimentam projetos a dois, contentam-se com uma amizade e uma boa transa.

Ao mesmo tempo que têm o discernimento da vivência e a independência financeira, não estão dispostas a mudar seus hábitos por alguém, muito menos se encantam com a esperança. Usam a irreverência e a ironia como escudos, não têm vergonha de assumir a obscenidade ou fazer perguntas comprometedoras. Não se contêm, não adiam sua oposição, não travam a língua para mais nada.

Elas perdoam com facilidade, pois não acreditam mais nos homens. A tolerância é indiferença. Aceitam a ruindade masculina como irreversível, sofreram o suficiente e não desejam sofrer mais. Fecharam a eternidade para balanço.

Não acalentam fé no altar e planos de uma velhice de mãos entrelaçadas. Partem do princípio de que nenhum homem presta. Como dispensaram o amor, a atração está unicamente apoiada no prazer. O erotismo é seu novo romantismo, funcional e desvinculado do envolvimento.

Talvez não seja verídico que a mulher madura, inteligente, linda e desimpedida, assuste o homem; ele recua e se desinteressa pela completa ausência de romantismo. Sem fé na raça masculina, não existe futuro para ser dividido.

NÃO FAÇA SEGREDO DE SUAS ESCOLHAS

Família não foi feita para reunião e conversa séria.

A solenidade somente aumenta a bisbilhotice. Não cultive papo reservado com os pais que o assunto tomará um caráter emergencial.

Todo momento formal é chamariz de fofoca, modo de convocar os familiares para que se metam em sua vida. Criará preocupações à toa e a obrigatoriedade de relatórios. É um convite para a chatice, sermões e reprimendas.

Por mais maduro que seja, ao abrir minúcias de suas opções pessoais, dali em diante será visto como uma eterna criança, vigiada e fiscalizada pelos mais velhos.

Dramatizar os problemas ou transformar qualquer dúvida em dilema significa perder o controle e a privacidade das próprias experiências. Eles confundirão a sua franqueza com a necessidade de uma segunda opinião e aprovação de crédito moral. Infelizmente, entenderão a sua humildade como insegurança.

Pais têm a tendência de assumir o posto de fiadores de nossas palavras e lembranças. Acreditam que os filhos não têm personalidade suficiente para pagar seus pecados.

Insaciáveis, cobrarão depois detalhes. E você terá que atualizar as informações a exemplo de capítulos de uma novela.

Pais não guardam segredo e pensam que você está suplicando por um conselho, que não sabe se defender e que está desesperado por ajuda.

Contar o que se vive sempre é bonito, desde que não seja a portas fechadas. O sigilo acentua a gravidade do que é dito.

Aja com naturalidade, repasse as novidades como se não fossem importantes em meio à rotina mais banal. Conserve a leveza de opinião e sua natureza provisória e mutante. Não precisa justificar demoradamente quem você escolheu para namorar ou esclarecer a sua sexualidade. Até a intimidade tem medida. Falar demais é tão prejudicial quanto falar de menos (a omissão). Há um limite para a sinceridade: acaba quando é transformada em prestação de contas.

TRABALHO SUJO

Quando alguém comenta que a esposa ou a namorada de um amigo é uma mala, já farejo cheiro de mentira.

Não é que ela é chata, ela só realiza o trabalho sujo. Ou seja, é desagradável e direta porque faz pela frente o que o amigo pensa pelas costas.

Protagoniza a consciência da dupla. O amigo é tão chato quanto, apenas não tem coragem de expor suas verdadeiras opiniões e repassa a culpa para sua mulher. Ele toma para si a fama de simpático e transfere os problemas para a conta de sua companhia.

Deixa de frequentar lugares e recusa convites sempre com a alegação de que sua mulher não quer ou não pode. A esposa/namorada transforma-se no bode expiatório e na desculpa perfeita para a imobilidade. Na realidade, é ele que não deseja ir e jamais assume a sua dívida. Prefere ver o circo pegar fogo a domar o leão de sua vontade.

O que ele não percebe é que, para se proteger, cria um ódio gratuito. Dentro de casa defende a dependência e fora dela se põe como vítima de uma prisão. Dá a entender que perdeu a identidade e a liberdade de solteiro. Antes, podia tudo. Agora, do lado dela, não pode nada.

Terminará tragado pela vaidade (no fundo, puro egoísmo) de ser reconhecido como melhor do que sua cara-metade. Situação agravada pela sua mania de dizer sim sem ponderar e se arrepender de imediato.

Não existe vilã, muito menos herói. O maniqueísmo disfarça um consenso familiar. A mulher é que telefona ou oficializa a notícia ou fala abertamente das intenções do casal, não é uma tirana emitindo sentença unilateral. Cumpre a posição de mensageira de algo que se definiu consensualmente.

Mas o preço da farsa é alto. A mulher ficará conhecida como uma megera, quando é ele que não divide a parcela de responsabilidade pela decisão a dois.

Desconfio quando escuto frases do tipo "como pode um cara tão legal estar com uma pessoa tão chata". Deveria ser reformulada, para o bem da transparência: "como um cara tão legal permite que sua mulher seja vista como chata".

Amor é também dividir a rejeição.

O MENTIROSO

(*Quando não há despedida e a pessoa se desintegra*)
O falso e o verdadeiro se misturam e não mais definimos o que aconteceu.

A mentira corrompe, inclusive, o que foi honesto. Não sobra lembrança intacta.

Prepotência e megalomania disfarçam recalques e insegurança.

Mas não sinta pena do mentiroso. Ele não tem emoção. Ele trai um pouco por dia até não sentir mais nada. A mentira desenvolve a dissimulação, a frieza e o oportunismo.

Quem mente durante muito tempo anula a censura, não sofre com culpa e remorso, como acontece com as pessoas saudáveis.

A mentira é natural quando logo desfeita. Mas a que perdura esconde outras mentiras. Uma mentira nunca está sozinha. Aquele que mente na relação mente para a família, mente para o trabalho, mente para os amigos. Será uma mentira generalizada, sob o risco de surgirem versões conflituosas.

E não acredite no arrependimento sem tratamento. A mentira é um distúrbio psicológico sério. O mentiroso também mentirá o perdão e a conversão súbita.

Não há como permanecer junto. É um duplo desgaste: conversar é conferir e desconfiar.

No relacionamento, a verdade é a base da convivência. Para ouvir e dar conselhos, para cuidar e ser cuidado, para acolher e ser acolhido.

Sem lealdade, não há casamento que fique de pé, não há amizade que fique sentada, não há sedução que fique deitada.

Casar com um mentiroso é viver duas vidas. Uma vida em que você acredita enquanto está junto. E uma vida totalmente desmentida pelos outros no momento em que você se separa.

O mentiroso tem regras. Apresento algumas delas, rezando para que não encontre nenhum desses replicantes em seu cotidiano:

— O mentiroso narra sua vida em ordem cronológica, para se convencer e não se perder no caminho. Guarda datas e horários de acontecimentos. Transmite a ideia de que sabe o passado de cor e possui o dom da memória.

— O mentiroso mente olhando nos olhos. Mas repare: sua boca é dura para falar. Não contrai os lábios ou ri daquilo que viveu.

— O mentiroso, quando pego em flagrante, dá um desconto em sua mentira. Ou seja, não desmente tudo, desmente parte. Para soar fidedigno o arrependimento.

— O mentiroso apenas conta a verdade em parcelas, de acordo com evidências fortes.

— O mentiroso é temperamental no momento das brigas, não sustenta a discussão. Ofende, desliga na cara, xinga, sai correndo, bate a porta. A passionalidade é uma proteção.

— O mentiroso tentará lhe convencer que você que é um mentiroso. Para se igualar. Desde o início da história de vocês.

— O mentiroso joga a culpa em sua companhia. Qualquer dúvida é loucura de sua parte, ciúme, obsessão, com objetivo de interromper a investigação. Terminará o relacionamento várias vezes quando se aproximar das incoerências.

— O mentiroso odeia ser interrompido, não é um bate-papo normal, esconde-se na educação. Primeiro fala e depois escuta. Todo mentiroso é educado demais.

— O mentiroso odeia excesso de perguntas, fica nervoso. Parece que deseja preservar sua privacidade, mas apenas não tem como se expor.

— O mentiroso tem surtos de euforia, não apresenta uma alegria constante, um humor estável. Ele está mais entusiasmado quando acabou de mentir.

— O mentiroso teme todos que mencionam seu nome. Cria intrigas para dispersar o círculo de confiança de sua companhia.

— O mentiroso descreverá histórias tristes de sua infância, destacará alguém próximo que mentiu e o quanto sofreu com as distorções.

— O mentiroso não tem amigos de vida inteira. São amigos episódicos, de fases, do trabalho e de festas, que somem e desaparecem.

— O mentiroso jamais emprega a autocrítica. Suas piadas se referem aos demais.

— O mentiroso dificilmente permanece por mais de um ano num emprego.

— O mentiroso esquece suas atitudes e condena as consequências. Como se as reações negativas fossem desvinculadas de um mal anterior, criado exatamente por ele.

— O mentiroso é moralista, defende a lealdade e a integridade, e costuma dizer que nunca mente. Ele ataca para não ser descoberto. É capaz de fazer um escândalo diante de uma mentira, como se fosse a maior aberração.

— O mentiroso não gosta que você crie laços próprios e independentes com a família dele e com seus conhecidos: "é minha mãe, é meu pai, é meu amigo, não se meta". Assim pode manipular à vontade.

ALADIM DOS CAPRICHOS IMPOSSÍVEIS

O ansioso não é ansioso por ele, mas pelos outros.

A ansiedade é raciocinar pelos outros, é concluir pelos outros, é resolver pelos outros.

Você escuta algo, toma aquilo como uma missão e deseja concluir rapidamente para voltar a pensar em si.

A ansiedade é uma generosidade inventada pelo egoísmo.

A ansiedade é correr contra o tempo com o propósito de voltar a ter seu próprio tempo.

A ansiedade é a compulsão de atender às expectativas de quem está do seu lado para retornar aos cuidados de suas próprias expectativas.

O dilema do ansioso é que procura agradar à sua companhia para não ser criticado. Mas sempre está a fim de algo pessoal para o qual não sobra tempo.

É alguém que come o pior do prato e reserva o melhor para o final. Certamente a comida predileta restará fria na hora de ser garfada.

Não há discernimento entre o que é importante e o dispensável. Tudo é urgente, tudo é motivo de aflição, tudo é uma perigosa avaliação de seus atos.

A próxima atividade, apenas por ser a próxima, é de absoluta premência. O pequeno e o grande têm o mesmo valor. O simples e o épico têm igual medida.

O problema do ansioso é que ele converte qualquer solicitação em prioridade. E como só consegue começar uma tarefa quando termina a anterior, sua rotina transforma-se em gincana.

Ninguém está pedindo ou solicitando nada, só que ele se posiciona como o provedor do universo, como o telepata do casamento, como o Aladim dos caprichos impossíveis.

Como se fosse um marido saciando infinitamente os rompantes esquisitos de sua esposa gestante. E ela ainda nem está grávida.

O ansioso é carente, pois nunca se julga satisfeito consigo.

O ansioso é insaciável, pois não para nem para comemorar seus feitos.

O ansioso não avalia as possibilidades, ele prefere descartá-las cumprindo uma por uma.

Se a mulher comenta que precisam comprar roupa de cama, incorpora as palavras dela como uma ameaça e pretende amanhecer na loja e se desobrigar da tarefa.

Mas ela não falou para realizar naquele instante, era uma intenção para ser cumprida durante o mês, mas o mês para o ansioso é ontem e ele não admite esperar. Ele não suporta acumular planos. Plano é tensão, plano é pendência, plano é uma decepção agendada.

Parte da hipótese de que se não fizer agora não fará nunca mais. Mas é mentira. Ele faz rapidamente porque odeia ter compromissos em aberto. Abomina ser pressionado e se pressiona terrivelmente. Ele se cobra para não ser cobrado.

Seu prazer está em finalizar os atos, não em desfrutá-los. Perde o melhor da vida que é não se preocupar naquilo que virá depois.

O ansioso é um doente terminal com excesso de saúde. Morre de uma doença imaginária.

OS AMORES MORTOS NO LUSTRE

Você só se dá o trabalho de tirar o lustre quando a lâmpada queima.

É sempre quando ela estoura. Pode levar meses ou anos para desenroscar a redoma.

Ninguém limpa o lustre se a lâmpada não queimar. Não recebe o cuidado semanal das janelas e dos espelhos.

Mesmo enxergando camadas negras de insetos no vidro transparente. Mesmo que o lustre seja um cemitério de asas, um vaso de mariposas mortas.

Por preguiça, para não buscar a escada e interromper a rotina, para não se incomodar em apagar a energia, porque parte do princípio de que nenhum louco ficará conferindo esses detalhes no teto.

Somos iguais com os assuntos amorosos.

Quando a relação está acesa, não nos mexemos, ainda que esteja falhando. Não limpamos, não realizamos a manutenção, não nos preocupamos em nos antecipar com gentilezas e prevenir danos, não questionamos se a nossa companhia está feliz daquele jeito, não eliminamos os aborrecimentos pontualmente.

Esperamos a luz estalar até apagar de vez, para assim remover a sujeira. Esperamos o filamento de tungstênio romper seu ciclo, de tanto ligar e apagar o interruptor, para cuidar dos restos.

Agimos pelas necessidades imediatas, por urgências profissionais e familiares.

A casa é feita para funcionar, a relação é feita para funcionar, não mais para gerar beleza e poesia.

Somente nos importamos se os canais a cabo estão em dia, se o wi-fi navega, se a geladeira continua gelando. Bastam sexo e fidelidade no casamento e seguimos adiante. Nada pode adiar o nosso calendário. As distrações atrapalham. Ignoramos os suspiros dos objetos.

Não gastamos mais tempo com bobagens do lar. Não desperdiçamos tempo com conversas despropositadas de noite, brincadeiras e lembranças à toa, tudo o que tem que ser dito deve ser importante, girando sobre emprego ou agenda. Não queimamos nossa atenção com besteiras como retirar os bichinhos desenganados do lustre. É um capricho, pode esperar, não há pressa, não existe motivo para se preocupar.

Somos apenas o que pode ser visto. O que brilha. O que traz reconhecimento. O que pode ser elogiado. Dedicamos à nossa vida aos grandes feitos, limpar o lustre constantemente não trará recompensa, será chamado de maníaco por limpeza, debochado por não ter mais o que fazer.

Quem ama e cuida do seu amor é o que olha e lava o lustre antes de a lâmpada queimar, antes de a relação chegar ao fim, para renovar a transparência da vida dentro de residência.

CONFIAR É AMAR

Amar e confiar são a mesma coisa.

Demorei a perceber. Por isso confiamos em pouquíssimas pessoas em nossa vida.

E podemos passar uma vida inteira sem confiar em ninguém.

É tão difícil confiar quanto amar. Tão raro.

A confiança e o amor são conquistados. Exigem tempo, observação, sinceridade, lealdade, soma de atitudes.

Não é porque é sua mãe ou seu pai ou seu irmão que você vai confiar. Família não traz garantias.

Confiar não é genético. Confiar é intimidade recompensada. Confiar é recíproco. É quando damos e recebemos simultaneamente. Confiar é contar um segredo e ver, já no finzinho de nossa história, que nunca foi revelado.

É uma previdência privada de nossos mistérios. É quando as ações comprovam as palavras.

Confiar não é para os apressados, mas representa o retorno de uma longa viagem mental. É a velhice dos nossos hábitos, a velhice das nossas frases, a velhice de nossos juramentos. É quando um gesto recebeu a proteção do silêncio.

Quando alguém confia sem conhecer, na verdade, está esperando confiar. É uma aposta para tornar mais fácil a convivência.

Demonstramos despojamento no início das relações, mas somos complexos no decorrer da cumplicidade. Entregamos a chave da nossa casa para perguntar todo dia se o outro não a extraviou. E perguntar é desconfiar.

No máximo, confiamos desconfiando. Com o pé atrás e um olho lá na frente.

Confiamos com medo de confiar, sofrendo o receio de sermos enganados, tremendo por dependermos de alguém, temendo pela nossa vulnerabilidade. Assim como o amor.

Falamos que amamos antes de amar, para nos convencer de que é amor.

Falamos que confiamos antes de confiar, para nos convencer de que é amizade.

Confiar é se desiludir, é se frustrar, é se decepcionar. Assim como o amor.

É criar as mais altas expectativas e depois se acomodar com o que é possível. Como o amor.

É aparecer com todas as certezas do mundo de que aquela é a pessoa certa e descobrir, aos poucos, que ela mente e pensa torto como você.

Confiar dói. Como o amor. Ainda mais quando a confiança é quebrada e não há como restaurá-la com discussões, colá-la com desculpas, consertá-la com declarações grandiloquentes.

Confiar é ter uma relação única com alguém, inimitável, e não dividi-la com um terceiro. É o contrário da falsidade, que significa ser igual com todos fingindo diferença e exclusividade.

Deixar de confiar é deixar de amar — perde-se junto a admiração, o alumbramento e o respeito incondicional. Deve-se desamar para amar de novo.

RATOEIRA

Se você dedicar seu mundo inteiro a uma pessoa, a entrega poderá ser vista como submissão.

Você que está mergulhado no amor não percebe. Para você, é somente amor. Não representa obediência, escravidão, bajulação.

Não mede esforços para agradar sua companhia, para atendê-la, para fazê-la feliz.

É capaz de se endividar em segredo para corresponder suas expectativas. É capaz de omitir suas vontades para privilegiar os desejos dela. É capaz de não respirar alto dentro de casa para não atrapalhar.

Ela sabe que você é todo dela — eis o problema que também deveria ser a solução (afinal, ser todo de alguém é a premissa do amor).

Mas o alimento é a isca do veneno e você foi fisgado pela ratoeira do relacionamento: emparedado, encurralado, dependente, viciado, sem anticorpos, sem imunidade, sem defesa, preso em sua idealização.

Já se declarou ao extremo, eliminou qualquer incerteza de seu coração, assinou o atestado de óbito da solteirice.

Sua doação não impõe mais desafio, não exige a reconquista de outra parte.

Está soterrado pela própria generosidade. De tanto dar, banalizou seu valor. Sua existência ficou barata. É um precatório a perder de vista.

Diante da exposição absoluta dos sentimentos, não é de duvidar que ela esnobe suas ações, conte que você come nas mãos dela, menospreze suas inúmeras gentilezas e deboche de suas constantes delicadezas.

Tornou-se inofensivo e previsível. Assumiu o risco de ser idiota e ingênuo, fragilizado em suas conexões com os amigos e familiares, absolutamente constrangidos com sua mendicância afetiva.

Atravessa um dilema sem saída. Ela jamais entenderá o peso de suas decisões, pois não mostrou seu sacrifício dia a dia, quis fingir uma naturalidade dos presentes, mimou e escondeu o trabalho por detrás de cada gesto, apresentou uma facilidade que não existia. Assim como pode tentar efetuar uma reprise de suas realizações dentro do namoro, apresentar os investimentos feitos, justificar sua abnegação, só que será inútil, não há estorno da espontaneidade, ela dirá que você está jogando na cara o que ofereceu de estorno da espontaneidade, ela dirá que você está jogando na cara o que ofereceu de graça, que vem cobrando os juros de sua falsa bondade.

Esta é a parada mais dura do romance, não vejo conserto da situação.

Ou se está numa relação em que os dois entregam tudo ou tudo o que se entrega será sempre nada.

PERGUNTAS DE CRIANÇA

Adoro as dúvidas infantis. Crianças, entre 2 e 10 anos, realizam o bombardeio de 300 perguntas por dia.

Por que chove com sol?

As baratas têm antenas para assistir tevê?

Por que cachorro mia quando se machuca?

Por que o espelho não tem um outro lado como a janela?

Onde caem os passarinhos quando morrem?

Todo gato é homem porque tem bigode?

Como é que dentro do ovo não tem um pintinho?

Por que a voz não sai quando gritamos no pesadelo?

Como os peixes respiram debaixo d'água?

Onde termina o céu?

Respondo todas as perguntas de criança com prazer, com curiosidade, com alegria pela observação engenhosa. Mas há algumas questões a que não tenho como dar uma resposta e que só resta me calar.

Nem eu entendo.

Fiquei olhando para o infinito, triste, quando uma menina me perguntou em uma palestra: Por que os meus pais estão casados se são infelizes e vivem reclamando um do outro?

FIADOR DA DESGRAÇA

O que eu já vi de pessoas que não se amam mais acabarem se envolvendo em projetos duradouros como casamento e filhos. Ensaiam o discurso do fim e alteram bruscamente a rota quando confrontados.

Em vez de recuar, apressam os passos. Em vez de soltar as amarras de uma relação problemática, apertam os laços. Em vez de sair, entram ainda mais dentro de casa. Em vez de dizer a verdade, prestam declarações eternas. Em vez de quitar os juros emocionais, realizam mais dívidas.

Estão a um triz da separação e compram anéis de noivado ou marcam igreja ou decidem ter uma criança.

Confundem a porta de saída com a de entrada, e se lançam com unhas e dentes para uma última e redentora chance, que não mudará em nada o desgaste de um longo isolamento a dois.

A boca desmente o desejo e complica o desenlace. A palavra expressa exatamente o inverso das verdadeiras intenções. Se era difícil largar, será impossível a partir de agora.

Sempre me chamou atenção o quanto existem casais caminhando ao contrário de suas decisões. Talvez por culpa.

Talvez pela vergonha da solidão. Talvez pela ilusão de se ver mais responsável pela felicidade do outro do que pela própria felicidade. Talvez por comodismo. Talvez para evitar a decepção de quebrar uma promessa. Talvez pela necessidade de ser melhor do que realmente é. Talvez por não admitir que fracassou. Talvez por faltar forças para recomeçar. Talvez por entender o tempo como investimento e achar que se dedicou excessivamente para jogar tudo fora. Talvez por supor que o ruim é, ao menos, conhecido.

Qualquer que seja o motivo, o melindre de decepcionar e desagradar impulsiona os maiores erros. O receio é de quê? De que no fundo ela ou ele fale mal de você? Mas não temos como controlar os pensamentos alheios nem dentro da convivência, muito menos fora.

Trata-se de uma atitude fóbica, parecida com a vertigem: é tanto o medo de cair que a vontade é cair mesmo para terminar logo com o medo.

Você percebe o esgotamento da rotina e assume pendências para os próximos cinco anos. Pretende ir embora e começa uma reforma sem precedentes. Pretende ir embora e adquire um cachorro. Pretende ir embora e interrompe o anticoncepcional.

Não há limites para o boicote. Você se afoga nas lágrimas e nada em direção a uma dor maior. Você tenta disfarçar o que sente fazendo o oposto, aumentando as expectativas e engrossando as mentiras.

Na vida amorosa, o "não" vive se escondendo perigosamente no "sim". Até terminar do pior jeito, deixando alguém plantado no altar ou com uma criança no colo.

AMOR E TORTURA

Há uma diferença na relação entre amar e torturar, e muitos se confundem.

Amar é ficar satisfeito com a presença. Torturar é ser insaciável.

Amar é sempre dizer que já tem o suficiente. Torturar é sempre pedir mais e chamar atenção para aquilo que não recebeu.

Amar é conter o ciúme. Torturar é não deixar sair.

Amar é sentir saudade e fazer declarações. Torturar é não mandar notícias.

Amar é assumir a responsabilidade. Torturar é culpar.

Amar é festejar a simplicidade. Torturar é complicar a conversa.

Amar é recordar os momentos felizes. Torturar é lembrar as discussões.

Amar é evidenciar as qualidades de nossa companhia. Torturar é censurar os defeitos.

Amar é acalmar. Torturar é implicar.

Amar é fazer tudo para dar certo, torturar é fazer tudo para dar errado e ainda dizer que avisou do pior.

Quem ama quer ser melhor para o outro. Quem tortura quer ser melhor do que o outro.

NÃO DESEJO ISSO NEM PARA MEUS INIMIGOS

Amar é sempre faltar algo.

Amar é sempre precisar de algo.

Não é uma suficiência, não nos sentimos completos, não nos enxergamos saciados.

É uma ausência que se cria a cada nova exigência.

Amar é se desfalcar por completo. É se esvaziar e oferecer o próprio corpo como casa.

Só somos inteiros quando não amamos — não nos importamos com as consequências de nossos atos.

Amar é o desespero de se perder mais do que perder alguém. É o desespero de perder alguém mais do que a si mesmo.

É acariciar o fogo e acotovelar a água.

É medir o relâmpago e empurrar a chuva.

Todo descuido dói, toda distração arrebenta, toda resposta evasiva provoca apreensão, todo distanciamento mínimo é uma agressão.

Quem ama é possessivo.

Quem ama é instável.

Quem ama é chato.

Quem ama é indignado.

Quem ama é implicante.

Quem ama é insaciável.

Quem ama é inconsolável.

Quem ama é insubordinado.

Quem ama jamais está contente, jamais está plenamente feliz, jamais está em paz consigo.

Quem ama reclama.

Quem ama protesta.

Quem ama é insuportável.

Quem ama é ciumento.

Quem ama é indeciso.

Quem ama é inverossímil.

Quem ama é perturbado.

Quem ama é desequilibrado.

Quem ama é nocivo.

Quem ama é antissocial.

Quem ama cria seus motivos para pressionar e perdoar.

Quem ama não espera, não tem paciência, tem pressa de estar junto para depois não decidir nada.

Quem ama discute por qualquer palavra, cicatriza por qualquer silêncio.

Quem ama muda de opinião para jamais mudar de sentimento.

Quem ama diz que acabou a paciência e se reabastece do impossível para oferecer mais.

Quem ama pede o que não sabe, pelo prazer de não saber e pelo prazer de pedir.

Quem ama experimenta um inferno maravilhoso de depender de uma única pessoa.

A exclusividade é terrorista.

É uma atenção extrema para agradar, para olhar, para corresponder, que não tem como ser natural.

Quem ama não é espontâneo, apenas se atrapalha. É tanta vontade de dar certo que exageramos o cuidado. É tanta vontade de abraçar que esmagamos. É tanta vontade de beijar que mordemos. É tanta vontade de viver que adoecemos.

A preocupação é urgência, a saudade é socorro, o medo é emergência.

Mas só para quem ama. Os outros estão salvos.

ANALFABETOS DO AMOR

Você pode amar como nunca na vida.

Você pode fazer o que não precisava, só o que não precisa significa o quanto tudo é simbólico.

Você pode imaginar como agradar durante o dia inteiro, cronometrar os horários de sua pessoa predileta, para preparar um jantar ou dar uma carona ou buscar algo que inspire seu riso.

Você pode suportar crises de raiva, de angústia, de agressão, de ciúme, e depois oferecer o abraço confortável do esquecimento.

Você pode colocar suas canções prediletas e convidar a dançar com a voz.

Você pode procurar fatos engraçados, criar situações cômicas, disposto a arrancar a tristeza dos olhos à sua frente.

Você pode rezar em meio à descrença religiosa, pois alguém é mais importante do que você mesmo pela primeira vez.

Você pode explodir a cada separação como se fosse um inimigo e pedir perdão em nome da reconciliação como se fosse um mendigo.

Você pode esquecer seu trabalho para estar disponível mais cedo.

Você pode procurar se retratar antes mesmo de errar.

Você pode lembrar todas as datas especiais da relação e ainda inventar novas.

Você pode nunca se cansar de mandar mensagens e arranjos de frases confessando dependência e saudade.

Você pode frequentar lugares que não passaria por perto, só para se infiltrar na memória de sua companhia.

Você pode dizer que não se recorda mais daquilo que causou mágoa, disposto a não alimentar a culpa.

Você pode abrir a janela do carro e gritar de felicidade para o aceno das árvores.

Você pode escrever bilhetes com o desejo sigiloso de que um dia a boca de sua letra seja beijada na boca, assim como toda mulher cheira as flores que recebe.

Você pode se tornar responsável, louco, sóbrio, discreto, escandaloso, irreverente, apaixonado, centrado, pode ser o que sonhou, pode se contorcer em pesadelo, pode se transformar no seu contrário, virar-se pelo avesso e oferecer o forro do silêncio.

Mas nada disso importa se a outra pessoa é analfabeta do seu amor.

Nenhuma demonstração de cuidado terá validade. Suas palavras não encontrarão o amparo da caligrafia. Seus gestos serão traços à toa na folha branca.

Nem todos sabem ler e escrever dentro do amor.

Não há sentido em amar se a outra pessoa não é capaz de guardar a verdade do quarto e a sinceridade da cozinha, se a outra pessoa jamais leu o que você é e não aprendeu a escrever — muito menos desenhar — o seu nome no coração dela.

HUMILHAÇÃO É SOBERBA

Nunca me senti humilhado ao correr atrás de uma mulher, ao mandar mensagens e insistir, ao tentar de tudo e me oferecer inteiro.

Você só se humilha no amor se está mentindo. Porque se fala a verdade está em paz.

Você só se humilha no amor se oferece o que não pode dar. Porque as falsas promessas não duram nem uma semana.

Você só se humilha no amor quando não acredita naquilo que diz. Porque se está fazendo o que deseja não tem motivos para se envergonhar.

Você só se humilha no amor se não tem saída. Porque não entendeu que ficar com o outro é uma escolha.

Você só se humilha no amor quando acha que recebe pouco. Porque a cobrança vem disfarçada de entrega.

Você só se humilha se tem segundas intenções. Porque o coração puro é a festa do acaso.

Você só se humilha no amor ao perguntar e responder ao mesmo tempo. Porque o ódio não deixa ninguém ouvir.

Você só se humilha no amor com chantagem emocional. Porque o convite é uma procura honesta.

Você só se humilha se não espera um retorno. Porque já prepara a vingança.

Você só se humilha no amor se não sabe reagir às críticas. Porque não cansa de se elogiar e não aprendeu a dividir os méritos.

Você só se humilha no amor se não admite alguém ser mais importante em sua vida. Porque se entregar é deixar a vaidade de lado.

Você só se humilha no amor se o sentimento é ressentimento. Porque a emoção sincera desarma qualquer preconceito.

Você só se humilha no amor se está disputando quem tem razão. Porque a humilhação é a derrota de um jogo imaginário.

Você só se humilha no amor ao perceber que está perdendo o espaço. Porque amar é dar espaço.

Você só se humilha no amor se tem o orgulho ferido e não perdoa mágoas. Porque a felicidade traz o esquecimento.

Você só se humilha no amor se não tem fé na palavra. Porque a convicção cria a cumplicidade.

Você só se humilha no amor se não tem gratidão. Porque agradecer é mais corajoso do que se desculpar.

Você só se humilha no amor se se vê melhor do que o outro. Porque o amor é a igualdade da fraqueza.

É preciso ser muito arrogante para se sentir humilhado no amor. É preciso ser muito soberbo para se sentir humilhado no amor.

Você só se humilha se não tem humildade para defender o amor.

TODAS AS CHANCES DO MUNDO

Não fui idiota, fui leal.

Não fui burro, fui sincero.

Não fui inconsequente, fui esperançoso.

Não fui distraído, fui confiante.

Não fui cego, acreditei em seus olhos.

Amor é jamais anular a possibilidade do outro de errar. Mesmo que custe mágoa, dor, ódio.

É viver com a porta aberta em vez de chavear pelo medo de perder alguém.

É não se prevenir, não controlar, não ser mais inteligente do que os fatos, não se proteger com ameaças.

É se oferecer inteiro, podendo ser enganado a qualquer momento. É se doar inteiro, permitindo que nossa companhia demonstre, dia a dia, quem ela é.

Só se valoriza a escolha pelo tamanho da renúncia.

Só há intimidade com liberdade dentro.

Só o amor ingênuo é verdadeiro.

Não fechei as palavras, não envenenei seus hábitos, não conferi seus horários, não fiquei lhe vigiando, não censurei seus gestos, não vasculhei seu passado.

Eu lhe dei todo o meu espaço, e todas as chances para você fugir.

Eu lhe dei toda a minha honestidade, e todas as chances para você me roubar.

Eu lhe dei toda a minha fé, e todas as chances para você me enganar.

Eu lhe dei toda a minha admiração, e todas as chances para você me trair.

Eu lhe dei toda a minha verdade, e todas as chances para você mentir.

Eu lhe dei toda a minha fé, e todas as chances para você me profanar.

Eu lhe dei toda a minha infância, e todas as chances para você me debochar.

Eu lhe dei todo o meu corpo, e todas as chances para você me agredir.

Eu lhe dei toda a minha imaginação, e todas as chances para você sumir.

Eu lhe dei todas as chances do meu mundo para você não usar nenhuma delas e me merecer.

AS VÁRIAS PESSOAS DO SOFRIMENTO

O sofrimento não é um só, mas várias pessoas dentro da gente.

Conheço uma por uma delas. A fisionomia, o olhar, as manias, as roupas que vestem. Elas aparecem em etapas, como se fossem fantasmas agendados.

A primeira visita é a Fúria. Você ofende e insulta quem ama, não entende como seu par não acorda com os gritos, não percebe o desespero, não vê a injustiça que está sendo cometida, não repara no tamanho de sua sinceridade.

O ódio vem salvaguardar a relação. Não é o tipo ideal para mediar uma conciliação, mas é o inevitável.

Como o outro que ama está contra a relação, você fica contra o outro e a favor da relação. Joga todos os erros na cara de seu ex, aguardando uma redenção súbita.

Você reage com agressividade. Não entende o que impede o pedido de desculpa e a volta por cima. Não admite que seja uma separação fácil, você quer brigar para ainda estar junto, quer discutir para ainda estar perto.

Depois com os canais fechados, tudo bloqueado, culpa integral da Fúria que jamais negocia, surge a figura do Foda-se, arrogante, prepotente, com uma autoajuda de boteco. Diz que você foi subestimado, menosprezado, e que a vida está sorrindo lá fora, que deve se amar mais, aproveitar as oportunidades e que logo encontrará alguém melhor para sinalizar o que o outro perdeu. Seguindo seus conselhos, atravessará longas festas, aceitará qualquer convite, postará imagens doidas, abrirá o baú dos demônios.

A hospedagem da entidade dura, no máximo, duas semanas. Pois não aguenta a bagunça e o caos do Foda-se. Demite sumariamente o salafrário, por justa causa. Ele criou constrangimentos e trouxe mais testemunhas para infeccionar sua ferida. Além de se defender da angústia da perda, precisa ficar explicando para pretendentes que não têm condições de se envolver com ninguém no momento. É um trabalho dobrado de convívio social, que aumenta a ressaca e a saudade de quem sabia de cor.

A terceira a despontar é a carinhosa e gentil Aflição. Não pede nada, não fala nada, é o sofrimento calado. Acompanhado de sua escolta cúmplice, ouve as mesmas músicas, revisa fotos e mensagens e espera um milagre. Você anda com o celular na mão e tem o interfone instalado na garganta. Ocorre uma cumplicidade de animal doméstico, não há como definir quem é o animal. Muito menos é capaz de mandar embora a Aflição, que não levanta a voz e dorme em qualquer lugar. Desaparece simplesmente numa tarde de sol.

Em seguida, vem o Ressentimento. O ranzinza e mal-humorado Ressentimento. Coitados dos seus amigos e familiares. Ele ironiza, debocha e não suporta nenhuma declaração de amor. Perdeu o interesse de sobreviver. Não acredita em reconciliação e desconfia de juras e promessas.

Por último, quando não aguenta o vaivém da alma, bate em sua porta a Esperança, mulher madura e generosa, com flores a tiracolo. Ela muda seu raciocínio cansado e objetivo. Renova seu otimismo: que não se fixe nas evidências, que não esmoreça diante das provas contrárias e que interceda no plano dos pensamentos.

Você torna-se, paradoxalmente, um condenado à morte lendo a Bíblia. Desiste de comentar o assunto, mas não desiste de rezar.

A esperança é bonita e sedutora, porém a mais sacana da turma. Tão sacana que ela faz com que receba, de novo, a Fúria, o Foda-se, a Aflição e o Ressentimento, e o convence a dar uma segunda chance até para seu sofrimento.

ENTRA OU SAI

Se deseja o bem do outro, amar é decidir.

Há aquele que não quer se afastar, só que não suporta ficar perto.

Há aquele que não consegue permanecer longe, porém não se esforça para conviver.

Há aquele que não sai em definitivo de sua vida, muito menos entra de verdade.

Há aquele que não se despede e também não assume as dificuldades do recomeço.

Há aquele que não larga as lembranças, entretanto não promete mais nada.

Há aquele que não está junto, mas não está longe.

Há aquele que sente saudade quando distante e reclama do ódio quando perto.

Há aquele que não desaparece e tampouco ressurge, que não destrói de uma vez por todas a relação, tampouco reconstrói os laços.

Há aquele que não pretende se encontrar para não sofrer, só que não para de telefonar e mandar mensagens.

Há aquele que tortura com amor, bate com o beijo, perdura a mala em gaveta.

Há aquele que não esquece o passado e também não desobriga a sua companhia a seguir em frente.

Aquele é você.

Não resolve, não se define, nem vem nem vai, sempre em cima do muro das palavras.

Sem esperança, sem fé, sem confiança, prende a pessoa pelo ressentimento. Empaca romances, não liberta seu prisioneiro para a possibilidade de novos amores.

A relação se transforma num purgatório, numa cobrança insolúvel de dívidas que jamais serão quitadas, pois não existem dias felizes para fazer esquecer as datas infelizes.

Se deseja o bem do outro, amar é também desistir.

O ANTICRISTO

Há algo mais forte do que o amor: a decepção.

É quando descobrimos que não conhecemos com quem estivemos casados.

É uma tatuagem poderosa, um terremoto de frustrações que destrói até a vontade de ouvir e de rever o ex, arruína o passado a dois que jurou ter vivido.

É quando percebemos que tudo o que a pessoa falava, ela fazia o contrário.

Como você amava de maneira pura, enxergava as palavras e perdoava as atitudes.

As exceções foram se acumulando em segredo até se tornarem uma regra. E um dia os amigos não suportam seu sofrimento, sua aflição pela separação, e contam a soma de barbaridades que ela dizia e professava.

Num golpe do destino, vê o quanto foi destratado, o quanto foi agredido, o quanto foi humilhado, o quanto a dedicação desmesurada acabou sendo entregue para quem não estava com você, mas contra você este tempo todo.

Pois não significou a previsível e perdoável difamação depois do relacionamento, feita pela inflamação do ódio e perda: ela lhe difamava durante a convivência, nos bastidores.

Acordamos com vergonha de termos nos oferecido tanto. Para nos defender, não lembramos sequer de um elogio, de um reconhecimento, de um agradecimento. As brincadeiras dela revelavam a única intenção de nos diminuir e mostrar que nunca seríamos capazes de contentá-la.

Somos vítimas do 171 amoroso, de um estelionato emocional, da limpeza bancária em nossa alma.

Ela declarava que tinha saudade, mas festejava quando você viajava para trabalhar.

Ela censurava e cobrava reserva, policiava seus movimentos com ciúme, mas era inconsequente em suas próprias saídas.

Ela mentia que o sexo era o melhor da vida, mas criticava você abertamente para os mais próximos.

Ela exibia uma imagem de devota nas redes sociais, mas não festejava sua presença por perto.

Ela isolava sua felicidade para tirar vantagem de sua tristeza.

A doença dela era mais importante, o trabalho dela era mais importante, o tempo dela era mais importante, os conselhos dela eram mais importantes.

Jamais pedia desculpa, vivia se explicando e contabilizando o pouco que fez como se fosse muito.

Jamais aceitava crítica ou se retratava espontaneamente, vivia se elogiando como se fosse muito.

O muito é troco. O muito é esmola. O muito é nada.

Esqueça, portanto, a sua teimosia, aceite o anonimato da memória. Você somente servia para esperar e prover, oferecer e concordar.

A ingratidão é estéril, não tem filhos. Ela só se dará bem com quem ainda não a conhece.

DETETIVE

A separação é um jogo de detetive.

É um exercício de especulação: se o outro está realmente se divertindo ou fingindo festa para atingi-lo com o ciúme, se o outro está dando indiretas de que morre de saudade ou se encontra desvinculado da relação.

Seria um jogo descomplicado para uma criança, livre da possessão amorosa. Já para o adulto é uma tortura.

O envolvido emocionalmente não raciocina, não pondera, não pesa as palavras, persegue a crença da irreversibilidade do encontro.

Todo mundo que ama é extremista: não suporta nem um minuto não ser amado e busca chamar atenção de sua antiga companhia. Ou é tudo ou é tudo, e não identifica os meios-termos, as sutilezas amargas, a frieza de algumas respostas.

A questão é que ele foca apenas o tudo, convencendo-se de que não está isolado, e descarta o nada, que está na sua cara.

Comete o erro de jurar que ainda está casado, apesar da separação, e que os dois sentem igualzinho a perda, arcam com as mesmas dores, tombam em idênticas dúvidas.

Logo após o término de um relacionamento, devido ao longo período em que conviveram e dividiram os hábitos, o apaixonado confia que ele e a ex são a mesma pessoa.

Cai naquilo que chamo de Síndrome de Gêmeos Siameses Fantasmas (SGSF). Pela imersão do cotidiano a dois, carrega a ilusão também de partilhar a rotina mesmo depois do fim.

É uma miragem de sincronia: se chora, pensa que o outro está chorando; se toma um porre, pensa que o outro está mergulhado na sarjeta; se não tem nenhuma vontade de sair, pensa que o outro igualmente passa por abstinência.

Como correspondia às expectativas dentro da relação, continua correndo as expectativas fora da relação. Só que o outro pode estar rindo de sua lealdade, conhecendo e namorando novas pessoas, atravessando festas sem fim. Interpreta o luto como uma luta inglória, não percebendo que o luto para o ex pode ser uma agradável liberdade.

O apaixonado ouve apenas o que quer. Esquece de recolher as pistas verdadeiras.

Quem ama lê exclusivamente o que é amor, adoece da distorção da fé. Sonha tanto com a reconciliação que não é treinado para identificar a duplicidade do ex.

Na separação, as frases de quem admitiu definitivamente o término são ambíguas. Repare. Volte a ler os e-mails e os torpedos acumulados no tumulto do fim.

Estará clara a ruptura para todos, menos para você, que não lê o que não deseja, obcecado unicamente em garantir um sim, em receber um sim.

Analisa agora o discurso com distanciamento: ele ou ela disse em algum momento que vai lhe esperar não importa o que aconteça? Ele ou ela disse em algum momento que se arrepende?

Não! Ele ou ela vem expressando a recusa nas entrelinhas. Coloca uma declaração de carinho, que lhe confunde, e logo dispara uma advertência com aquilo que revela o que sente.

É a minha dica para ganhar o jogo do detetive e descobrir a verdade dolorida de que sofre absolutamente sozinho.

SÓ HÁ UM JEITO DE SOFRER

É mentira que cada um sofre de um jeito.
Que um pode sofrer mais contido e lacônico enquanto o outro está mais exposto, embriagado e ferido.
Mentira!
Quem ama sempre se desespera. De todos os jeitos. Não encontra posição para dormir ou para escrever ou para viver ou para sorrir.
Impossível lidar com a separação como se fosse apenas uma indisposição, é caso de paixão ou morte.
Ou sofre ou não sofre, ou inventa novas armas ou não está em guerra por alguém.
Todos os que amam se tornam mendigos. Perdem os bens, o bem, a noção da realidade, a razão, e buscam o perdão e a reconquista insanamente.
Todos os que amam se tornam pedintes. São terra arrasada, são reincidentes, são torvelinhos, são volúveis, são instáveis, são frágeis, são febris.

Aquele que está calado e distante não está nem aí. Deve estar apenas envergonhado e constrangido por tudo o que não fez e não fará por amor.

Aquele que vira as costas não está sofrendo. Não existe nenhuma aparência escondendo seu pesar. É frieza mesmo. É indiferença mesmo. É pouco caso mesmo.

Quem ama alucina. Não trabalha mais, não conversa mais, não consegue sair para se divertir, a vida para.

Quem ama explode. Promete esquecer e dois minutos depois está revirando as redes sociais em busca de notícias. Promete não tocar mais no nome e vasculha as antigas conversas à procura de uma palavra esperançosa. Promete nunca mais entrar em contato e escreve cartas lindas de doer, cartas mágicas, cartas que deixariam qualquer um se ajoelhar nas próprias lágrimas.

Quem ama sofre. E sofre. E não desiste e se arrebenta de existir.

O FIM DEMORA

Quantos términos para o término de um amor?
Quantos "agora acabou!" é necessário dizer para realmente acabar?
Quantas portas a bater até entregar a chave?
Quantos desaforos até calar a boca?
Quantas discussões até conversar com calma?
Quantas gavetas serão esvaziadas até arrumar a mala?
Quantas desistências existem dentro da insistência?
Quantos reavivamentos são possíveis de um fogo morto?
Quantas recaídas até cair de vez?
Porque descobrir o fim ainda não é comunicar o fim.
Porque determinar o fim ainda não é explicar o fim.
Porque sentir o fim ainda não é encaminhar o fim.
É um amigo falar que seu relacionamento não tem mais saída, que eu já sei que ele caminhará muita rua antes de enxergar a parede.
É mais um desabafo do que uma verdade.
É mais uma vontade do que uma realização.
É mais um despacho do que um despejo.

Está no começo do fim, o que não significa fim.
Está elaborando o fim, mas não selando o fim.
Está roteirizando o fim, mas não contracenando o fim.
Está preparando o fim, mas não alterando a vida.

O fim demora. O fim é semelhante a muitos reinícios. O fim é procurar o melhor jeito de contar a notícia. O fim é ouvir o contraponto. O fim é oferecer mais uma chance. O fim é cansar de tanto casar. O fim é exaurir os apelos. O fim é depor as armas e não mais impor mudanças. O fim é esgotar as chantagens e as ameaças. O fim é se perdoar pouco a pouco por quebrar as promessas. O fim é não criar mais desculpas, é não ser mais bonzinho, é não querer repassar a culpa, é assumir a responsabilidade, é não ser o certo e não julgar o errado. O fim é bloquear o coração mais do que o telefone. O fim é longo.

O fim é serenidade que vem depois da adrenalina do desespero. Não é chorar, chorar é o princípio do fim, o fim é quando as lágrimas secaram, é quando os olhos pararam de nadar, é quando não há esperança de resgate.

Encerrar uma relação imita o cartucho de qualquer impressora. O computador indica o término, mas poderá imprimir mais cem páginas: folhas falhadas e com a tinta se esvaindo lentamente.

Cem páginas rendem um livro lindo e triste de poesia, porém jamais serão páginas suficientes para fazer um novo romance.

MEXENDO NAS FERIDAS

Demoro a me recuperar dos tombos. Não aguento o período de recuperação.

Sempre mexo nas cascas dos machucados. Nunca a minha pele teve a chance de se regenerar naturalmente. Passo do limite, começo retirando as bordas secas e invado o úmido da purgação.

Jamais me controlo, desde a infância.

Na escola, cutucava o pisado debaixo da classe. Ao apressar o seu fim, retomava o seu início. Não me movia pela curiosidade infantil e biológica de entender o processo, e sim para me livrar do incômodo. Óbvio que a calça do uniforme vivia manchada de sangue. Eu mesmo encontrava um jeito de me ferir e ampliar a data de validade da ferida.

Esfolar o joelho representava meses de recuperação. Transformava a expectativa convencional de uma semana em longo martírio de coceira.

Minhas pernas estão depiladas involuntariamente nas canelas. De tanto mexer nas batidas, criei cicatrizes onde não deveria constar nenhum sinal.

Acentuava a gravidade dos escorregões e encontrões do futebol.

Quem me dera se a minha impaciência estivesse reduzida à epiderme dos costumes.

Infelizmente, carreguei a mesma ânsia para dentro de namoros e de casamentos. Não percebia que as piores ofensas acabavam por aparecer no meio da briga (as que desencadeavam a discussão eram simbólicas, de menor gravidade).

Quando surgia uma insatisfação, não deixava esfriar. Não aceitava que cada um se aquietasse em sua solidão para sarar o ruído com silêncio e pensamento.

Não há como evitar acidentes e quedas na vida a dois, mas não realizava o simples curativo perante um revés: limpar a zona infeccionada das palavras, cobrir o assunto por dois dias e aguardar a melhora.

Já coçava com as unhas compridas. Já cavoucava a chaga. Já pretendia resolver na hora. Já pressionava a minha companhia a tomar uma decisão, a explicar seu posicionamento, a emitir uma sentença.

De algo muito tolo (uma piada no contexto errado, uma frase torta, um descontentamento com um gesto), convertia em tudo ou nada, naquele extremismo de exigir desculpa ou terminar a relação.

Não admitia a existência breve de uma pequena ferida. Não guardava as mãos. Não saía de perto.

Fixava-me no desentendimento a ponto de ampliá-lo em impasse.

O que é físico é também emocional.

Assim como no corpo, um ferimento na pele do orgulho, diante da insistência de insultos e acusações, pode dar origem a uma lesão crônica, que persistirá durante anos.

QUANDO SE QUER VOLTAR OU QUANDO JÁ DEU O QUE TINHA QUE DAR

Quem quer a reconciliação só fala mal do ex. Quem não deseja o retorno só fala bem do ex. Eis a principal incoerência do amor.

Aquele que busca a volta faz o caminho exatamente oposto a uma reaproximação: cava suspeitas e desconfianças, desata demônios, desfia um rosário de insultos e exorciza todos os defeitos da vida a dois. Está impregnado de ódio, e o ódio ainda é atração. A raiva indica que não resolveu a situação, não aceitou a despedida, que prossegue discutindo a relação sozinho. Vai dizer que o ex não presta, não vale coisa alguma, é um estropício. Espalha a bílis entre os mais próximos. Engana os amigos e familiares, que juram que ele não tem vontade de ver a antiga companhia nem morta na frente, que deu um basta para a esperança. Mas é uma camuflagem emocional, o que mais anseia na vida é o reato, apenas não sabe como e disfarça sua urgência com a maquiagem da racionalidade.

Já aquele que terminou de vez o relacionamento e não se interessa por recaídas usará seu tempo para reconhecer a recente parceria. É capaz de escrever uma carta de recomendação. Dirá que o ex foi ótimo, que leva boas lembranças e que amadureceu no namoro ou casamento. Sairá agradecido, pois não guarda nada, nem mesmo rancor. Está com a emoção quitada, a ponto de não espernear e muito menos se rebelar contra o destino. Fará votos de que o outro seja feliz e que encontre alguém que o mereça. Os que observam a reação de fora pensam que a pessoa mantém o forte apelo de retornar, pois se derrete em homenagens, mas é uma armadilha: o elogio vem do desapego e da indiferença.

Durante a separação, a vaia é de quem ama, o aplauso é de quem desamou. O grito é de quem ama, a fala civilizada é de quem desamou. O protesto e a fofoca são de quem ama, o reconhecimento e a justiça são de quem desamou. O barraco é de quem ama, a casa com piscina é de quem desamou.

No tribunal cardíaco, tudo é o inverso do discurso. O que recusa a retomada da relação é o advogado de defesa. E o promotor, o que acusa, é o que estranhamente pretende inocentar a paixão.

INVENTAR PARA O BEM OU PARA O MAL

Temos a responsabilidade pelo jeito como os amigos e familiares enxergam quem a gente ama.

Nós é que definimos o olhar de nossos próximos para o bem e para o mal.

Estava em papo à toa com Mariana e destacava o quanto fui feliz com sua mãe enquanto namorávamos na universidade. Não havia partilhado com a filha as minhas experiências do meu início universitário.

— Como, pai? Ela é totalmente diferente de você: objetiva e seca.

— Não, Mariana, ela usava muitas metáforas, ela cantava Maria Bethânia, escrevia cartas de amor.

— Não é possível, você está falando de alguém que não conheço.

Fui obrigado a citar duas ou três expressões que a sua mãe usava comigo. E ela se calou durante o resto do trajeto.

Dois dias depois, Mariana descarrega uma pesada artilharia de mensagens em meu celular, com aspas, prints e citações.

— Pai, revi meus diálogos com a mãe e encontrei várias expressões poéticas e sensíveis, comparações estranhas, eu só olhava um lado de sua personalidade e não a enxergava inteira.

Eu não contive o contentamento, o riso de quem deixou sua filha alforriada das minhas limitações (que ela tenha as próprias limitações, não as minhas).

Ajudei, inconscientemente, a estabelecer uma imagem de sua mãe fria, casmurra e distante. Nem de um modo direto, mas por poucas e pobres observações sobre desentendimentos caseiros, tipo "era de se imaginar" ou "ela sempre foi assim e jamais será diferente". Sentenças que não permitiam que a minha filha entendesse a complexidade e a pluralidade da figura materna. Reduzia a minha ex a uma caricatura que me interessava, e que acabava beneficiando as minhas qualidades.

Se seu marido é odiado pelas suas amigas, se sua esposa é recusada pela sua família, se um colega é malvisto pela sua turma no trabalho, foi você que edificou a indisposição por sucessivas queixas. Não foi obra do destino e uma manifestação espontânea dos acontecimentos. Ninguém foi desmascarado, nós que impomos as máscaras verbais naquele que criticamos de acordo com as circunstâncias, pelo medo de não ser amado, pela desconfiança e pela insegurança. Nós é que maquiamos o cadáver ou borramos os seus traços em plena juventude.

Erramos o peso da boca: ao desabafar, julgamos e condenamos. E não há como ser justo na catarse. Catarse é faxina, é colocar para fora sem nenhuma hierarquia de importância.

Tanto que na paixão desaparecemos para os amigos, para ressurgirmos apenas quando irrompe a primeira decepção. E os amigos ficam conhecendo o rol de frustrações amorosas, e não o que gerou o encantamento.

Sempre temos a chance de consertar as nossas distorções e avaliações de terceiros, de retroceder no inquérito e suspender as censuras. Até porque as pessoas mudam, e também mudam a nossa perspectiva e as nossas prioridades.

É só chamar para uma conversa os envolvidos e desfazer os condicionamentos com a simples poção mágica de palavras "eu me enganei", e demonstrar o quanto aquela companhia vem sendo fundamental em nossa trajetória e rotina.

Ler é interpretar, viver é escrever por cima. Somos marcadores de textos dos defeitos e virtudes do outro.

POR QUE NÃO POSSO TE ESQUECER?

Nenhuma perda é rasa para mim. Todas são profundas. A lembrança da antiga companhia leva, inclusive, o meu modo de olhar. Meu modo poético de olhar o mundo.

Esquecer é uma crueldade que sou inapto para praticar. Absolutamente incompetente.

Não sei me despedir, não sei me desapegar.

Há mentalidades diferentes — e apenas diferentes, nem melhores nem piores —, unidimensionais no relacionamento, em que um vaso é um vaso, uma vassoura é uma vassoura, objetos geram funções e não significados emocionais.

Estes perfis pouco sentimentais e práticos se separam fácil. Não sofrem com a linguagem criada no amor, não adoecem no dialeto. Felicidade é estar rindo, tristeza é estar chorando, sono é bocejar, raiva é gritar. E se separar é apenas não dar certo.

Não corresponde ao meu exemplo. A simplicidade é reverência. Sofro com o que vi em segredo, com o que memorizei sem nenhum sentido a não ser o de amar alguém.

Potencializo a observação como forma de conhecer o outro. Minha memória é feita toda de saudade. A falta vem de uma realidade microscópica e lírica guardada nos hábitos. Minha memória está repleta de símbolos criados ao longo da convivência. Dentro da felicidade, da tristeza, do sono e da raiva, existem ninharias importantíssimas, que não me deixam ir embora.

Os sentimentos não expressam conceitos que servem para qualquer história. Terminam particularizados ao máximo para tornar aquela história única e irreversível.

Não observarei mais um pão francês impunemente, pois ela tirava o miolo antes de comer. Não sentarei no banco preto da cozinha do mesmo jeito, mirante onde se debruçava para ouvir música e fumar perto da janela. Os chinelos não são mais chinelos, mas um encosto para a porta não bater com o vento. A carteira não é o lugar em que guardo cartões e dinheiro, mas onde conservo o nosso primeiro ingresso de cinema. Arrumar a cama é lembrar que ela não gostava de ficar com os pés sufocados, é nunca mais prender o lençol no colchão. Pegar uma escova é segurar entre os dedos o ensinamento de que uma mulher prefere o carinho na nuca do que na raiz dos cabelos.

Eu me doutorei numa pessoa. Eu me diplomei na coreografia mínima de minha amada. Durante anos, o que fiz foi estudá-la. Eu me especializei, ironicamente, em quem não está mais comigo.

Onde pôr a herança? Não há como aproveitar a escolaridade ou realizar equivalência de cadeiras com uma nova paixão.

Não tem como apagar o conhecimento com a distância repentina. Ela já é parte de mim. Ela já se misturou ao meu temperamento.

A poesia é um problema para quem se afasta daquela que ama.

Glorifiquei informações inúteis, consagrei conhecimentos irrelevantes. Tudo era essencial para desfrutar com ênfase de sua presença.

Decorava seus gestos, mesmo não sendo necessário.

Se não ponho nada fora, não é porque não quero, é porque não posso. Teria que me arrancar os olhos.

HORROR

Quantas mudanças dentro de uma mudança?

Você precisa encaixotar os pertences e depois desencaixotar. Precisa enfrentar a seleção do que abandonará na residência antiga e depois outro descarte no novo paradeiro. Por baixo, são quatro mudanças.

Tenho pena dos militares e dos concursados, que migram indefinidamente de lugar.

Colocará no lixo o que sempre adiou, ressuscitará o que não imaginava que fosse possível.

Quando confia que finalizou o frete, esquece uma gaveta e já interrompe o rigor da sequência. A vontade é jogar tudo fora para não mais se preocupar em condicionar, embalar e registrar.

Mesmo que descreva o conteúdo em adesivos, acabará se confundindo. Por mais que você organize para não sofrer contratempos, fracassará em algum momento. Algo vai quebrar, algo vai estragar, algo morrerá impunemente.

Mudar-se de casa é falsificar uma graduação de biblioteconomia, é forjar um diploma de arquiteto.

Descobrirá que o desespero não tem portas. É ser perseguido por si mesmo, vigiado, censurado e odiado pela sombra que foi um dia na vida.

Entrará num perfeccionismo violento que trará erupções na pele e o retorno das espinhas da adolescência.

Aguentará uma tensão máxima ao tocar nos mínimos objetos. Só o esforço da memória é para deixar qualquer um exausto: onde comprei, onde ganhei, qual o significado, presente de que relacionamento?

Será vítima da radioatividade das lembranças. Atravessará uma viagem mental de décadas num piscar de olhos. Mudança significa hipnose regressiva. Mexer em fotos, mexer em cartas, mexer em restos de amores: são experiências de alto risco emocional.

Podemos transitar do ódio à esperança em frações de segundos, dos dez aos trinta anos em instantes. Traumas ressurgem do nada, felicidades respiram soterradas no armário.

Eu tenho muito cuidado ao cumprimentar alguém que passa por este desafio. Nem toco nos ombros. A pessoa pode estar à beira de um colapso. Descabelada, insone, bafo de jaula.

Não dorme, não trabalha, não come, não transa, absolutamente concentrada em terminar o deslocamento. Obcecada em limpar o caos e desafogar o colchão da ameaça dos trastes.

É um psicótico cuspindo ácaros. Um sem-terra no meio da estrada das panelas. Um acampado submerso na enchente de papéis.

Não converse com quem está alterando o endereço. Não comente nada. Não suspire perto.

Deveria existir uma licença de emprego de dez dias, no mínimo. Porque é condenado a um plantão de 24h em seu prédio, aguardando as entregas. É esperar a rede telefônica instalar o aparelho, é esperar os caminhões das lojas, é esperar o eletricista, e nenhum dos envolvidos diz em qual horário aparecerá.

Não pode sair. Não pode fazer mais nada da existência. Pensa que organizará a bagunça em uma semana, mas desiste e põe parte das caixas num quarto fechado para cuidar disso num final de semana que nunca vem, que nunca virá, até a próxima mudança.

RECÉM-NASCIDOS DE UM AMOR PERDIDO

Não seremos bebê uma vez só na vida.

Com o fim de um amor, voltaremos a ser uma criança de colo.

Sempre que perdermos um amor, retornaremos ao início de nossa linguagem e teremos que reinventar outra no lugar.

Deixaremos de caminhar e vamos engatinhar.

Vamos tropeçar, vamos cair da cama, vamos boiar no tapete com a cabeça virada para o teto, as pernas não estarão mais firmes e seguras para seguir suas próprias convicções.

Precisaremos rastejar pela casa, mexeremos em tomadas proibidas, esfolaremos os joelhos. Atravessar o quarto à sala consistirá em trajeto paciente, de quedas e desistências.

Todos que se aproximarem de nossos passos serão gigantes, imensos, resolvidos. Nossa perspectiva é do chão para cima, nos veremos subestimados e inferiores, menores do que os demais conhecidos.

Sobreviveremos com o cerco das amigas e dos amigos, nossas mães e pais do luto, capazes de acalmar o nosso lamento e descobrir um jeito de nos fazer dormir.

Seremos bebê frágil, de infinita curiosidade sobre a dor e o medo.

Não nos alimentaremos com facilidade. Completaremos qualquer refeição a contragosto.

Os dentes estarão sem fio para cortar um pedaço de pão. A fome não vencerá o incômodo de engolir as palavras junto da comida.

Cabularemos o banho, esticaremos os olhos para definir quem se aproxima, se é vulto do ventre ou se é futuro se formando.

Não desejaremos sair do conforto do cafuné e do amparo dos adultos.

Não saberemos mais falar, apenas gritar, e careceremos da mímica e dos dedos esticados para expor as nossas vontades.

Choraremos com a compulsão de um recém-nascido, entre o soluço e o gemido. Pode demorar horas, pode demorar dias, quebrar noites ao meio.

Somente a rotina nos salvará, a disciplina para comer, dormir e se movimentar. Os horários certos e fixos nos devolverão a paz das certezas.

A mobilidade se reduzirá ao básico e não há como cortar caminho e apressar a planta dos pés.

Sentiremos falta do andador, do chiqueiro, do berço, gaiolas dentro da residência, muletas infantis para recriar as asas das roupas.

Alguns não aguentam o excesso súbito de infância e jamais superam a hipnose regressiva.

Perder um amor não é morrer, é repetir o nosso nascimento, é recuar todas as casas já frequentadas pelo tabuleiro da vida.

Para andar novamente, dependeremos essencialmente de alguém no fim do corredor com as mãos espalmadas dizendo:
— Vem, você consegue!

DE CORPO INTEIRO

Olhar nos olhos não é suficiente numa conversa sincera.

Porque podemos olhar nos olhos, mas com o rosto para o outro lado, o rosto mentindo, o rosto negando a palavra, o rosto baixo, o rosto contrariado, o rosto tomando um caminho diferente.

Olhar pede que seja com todo o rosto. O rosto também precisa ir junto, acompanhar os olhos, estar com a régua do queixo reta, como se fôssemos medir nossa altura.

Conversar é exatamente medir nossa altura. É encostar a cabeça na parede, endireitar os ombros, ser honesto com o nosso tamanho e peso. Não fingir nem o mais, nem arredondar o menos.

Conversar olho no olho é conversar rosto com rosto. O mesmo nível. O mesmo enquadramento. Abraçar o que enxergamos e o que escutamos com todos os traços.

A mão firme na maçaneta da voz. Na aldrava da voz. Janela e porta abertas ao mesmo tempo.

Pedir para a sobrancelha ficar sentada, pedir para a boca ficar sentada, pedir para a orelha ficar sentada. Pois é somente um se levantar e o resto da face se dispersa e já dispersamos nossos pensamentos e não mais nos concentramos naquilo que nossa companhia está explicando.

Conversar de verdade é olho no olho, rosto com rosto e ainda corpo com corpo. O corpo também não pode se ausentar. Não é ficar na cadeira de lado, sinuoso, esquivo. Com o rosto e o olhar voltados para igual direção, mas o corpo apontando para o lado oposto. O corpo precisa estar de frente. Sem mexer em guardanapo, sem dobrar as mangas da camisa, sem conferir o estado das unhas, sem fugir do contato visual, sem desmerecer o comprometimento da pele.

Conversar é uma atenção amorosa completa. Não tem como relaxar.

RESPEITO DISTANTE

Ex não é para ser amigo, é para ser colega. Colega distante. Primo de terceiro grau.

Quando mencionado, deveria receber Sr. e Sra. na frente. Merecia ser tratado com o sobrenome. E o sobrenome de solteiro.

Ex não pode ser chamado por apelido.

Muito menos com o apelido que havia dentro do antigo relacionamento.

Não é para ficar de mimimi e papinho mole no Face ou no WhatsApp.

Não é para se encontrar para cafés e almoços.

Não é para dividir angústias, senão parece recaída.

Não é para partilhar alegrias, senão parece recalque.

É muito suspeito telefonar para o ex depois de uma briga.

É muito fácil confundir intimidade com sedução.

É muito perigoso procurar conselhos, sempre tendenciosos.

É também expor o atual relacionamento às fofocas maldosas.

Ex é passado. Não precisa de nenhum ex. Se precisasse, ainda estaria com ele.

Ex não pode ser amigo. Nem melhor amigo. Nem confidente. Só se ele mudou de sexo.

Como você vai contar o que o incomoda na relação para alguém que você já transou antes?

Como você vai contar o que o incomoda na relação para alguém que você já se separou antes?

Ex é Exu sem luz.

Seu melhor amigo é o marido. Sua melhor amiga é a esposa. E estamos conversados.

QUEM CONCORDA COM TUDO NÃO ESTÁ MAIS CASADO

Obediência é sinal de abandono de relacionamento.

Você pode acreditar que o outro lado finalmente se rendeu, deu o braço a torcer, aceitou mudar seus defeitos e que agora ambos viverão em harmonia o resto dos dias.

Você pode elogiar a transformação completa do temperamento de sua companhia aos amigos e familiares:

— Está tão manso, nem discutimos mais, aceita qualquer coisa que eu diga, sem oposição, sem pegar no pé.

Mas é uma ilusão, uma miragem comportamental. É exatamente o oposto. Entenderá, então, que fingir o orgasmo nada é perto da desfaçatez de quem é capaz de simular um bom-dia.

Se o marido ou a mulher passa a concordar com tudo, nem perde tempo defendendo a sua opinião, é que já pulou para fora do casamento, preparou as malas, dividiu os bens, avisou a vizinhança do desastre conjugal.

A paz é desistência. A suspensão das discussões demarca o fim do fôlego, jamais o fim das diferenças.

Quem ama nunca termina de se entender e de produzir debates acalorados para ver quem tem razão.

Quando o par suspende sua implicância cotidiana, cessam as crises de insegurança, se deixa o outro absolutamente livre e solto para sair e voltar na hora que quiser, longe do charme da preocupação, por mais que pareça maturidade, é sinal de que acabou o amor.

Discernimento demais representa desinteresse.

O disposto a terminar parece que está feliz, mas só pretende se livrar da conversa chata o quanto antes, mesmo que tenha que mentir e contrariar suas convicções.

Não está mais encarnado ali naquela aliança. Começou a economizar sua disposição para futuros romances, não gastará energia à toa numa convivência fracassada. Virou uma ovelha de propósito, com a ambição de engrossar a lã, esperar a poda e aquecer novos corpos.

A submissão matrimonial sempre esconde o golpe de Estado, a virada de mesa, a vingança. O sim e o ok compulsivos são disfarces.

O marido, agora bajulador, ou a mulher, estranhamente calada, cansou de apostar na vida de casal. A ruptura acontecerá dentro de poucos meses. A despedida vive seu permanente ensaio: dormir é planejar como se despedir e o que escrever no bilhete.

Desconfie das respostas excessivamente bondosas. Talvez representem o ocaso da paciência e da esperança de uma das partes. Alguém mudou de alma e mantém o endereço por mera formalidade.

DEPENDENDO DO QUE VOCÊ QUER

Você recebe o que deseja do relacionamento. Se se contenta com pouco, receberá esmola.

No caso de querer apenas sexo, terá amizade eventual. No caso de querer amor, terá só sexo. No caso de querer amor para a vida inteira, terá um casamento. Já deve entender que nunca terá o que pede, existe o imposto embutido nas palavras, portanto cabe exigir mais.

Sem ambição, qualquer contato naufraga. A modéstia não combina com a longevidade.

O argumento de procurar unicamente sexo é uma enganação. Reduz o ruim ao péssimo. Não esperar mais de um encontro é se conformar com o menos, é se acostumar com o menos, é ocupar a sua rotina com mortos-vivos.

Não projetar grandes histórias não ajuda a autoestima, atrofia a esperança e a intimidade. Para não perder tempo em uma única relação e ir direto ao ponto, você acaba perdendo tempo igual com várias relações que não vão dar nada mais do que o desestresse sexual. Perde tempo igual em relações paradas, superficiais, onde ver não desemboca em admirar.

Não que todo caso tenha que virar amor. Entretanto, sem a perspectiva além do sexo, não há interesse na conversa, não há curiosidade, não há investimento, não há esforço de entendimento.

O rascunho é para valer, por mais que estabeleça que é provisório. Na hipótese de não vislumbrar futuro antes de começar algo e se envolver mesmo assim, estará andando para trás.

Amar não é para ser uma atitude passiva, caracterizada somente pelo movimento de sentir o amor, e sim precisa ser entendido como uma dinâmica ativa, de também produzir o amor no outro, criar acontecimentos para que uma combinação a dois encontre motivos para durar.

A ausência de expectativa para não sofrer gera, em contrapartida, a inexistência. Você sofre ao amar, mas sofre mais ao não viver.

HOMEM DE LATA

É curioso.

Quando perco meu coração (e meu coração fica com a ex), sou mais sensível.

Estudo qualquer inutilidade, decifro latidos e piares, olho fixamente folhas caindo das árvores até o pouso final, retiro besouro de meu casaco e ponho em segurança no muro, escuto tormentos longe e me importo com a movimentação próxima das gentilezas.

Ansioso pelas reações e respostas do mundo, nada me escapa, amparo quem chora e sofre, converso com os mendigos e dou o meu braço para o vento atravessar a rua.

Sem coração, viro humano, quebradiço e sequioso. A sensibilidade se multiplica, a ponto de qualquer gota de orvalho na pele se aproximar do impacto de uma tempestade de granizos.

Já quando estou feliz e com o coração pleno acabo sendo indiferente, impessoal, egoísta.

É estar feliz com a mulher, que dispenso as notícias e os desastres. Nenhuma tragédia me surpreende e me assusta. Afasto-me das preocupações para manter a leveza do romance.

Nego os problemas dos outros, finjo demência e surdez, priorizo a vida a dois. Eu me economizo, eu me guardo, eu me controlo, avarento com a minha sorte.

Cada vez mais admiro o homem de lata.

Ele não tem coração, mas é o mais intenso, o mais passional, o mais preocupado com a necessidade das palavras da turma de Dorothy, criada pelo escritor Frank Baum.

Está quase chorando, quase soluçando, quase suspirando.

O quase é assustadoramente superior em emoção ao transbordamento.

O quase é permitir espaço aos demais, dar espaço aos demais.

Durante a separação, somos o homem de lata. A cabeça é um funil e as juntas enferrujam. Andamos atrapalhados, não contamos com a elasticidade e ambição dos gestos, tropeçamos em nossas próprias ferragens.

Somos sucata pensativa, ferro retorcido e galvanizado às pressas.

Há uma couraça na aparência e, ao mesmo tempo, uma vulnerabilidade na forma de se relacionar: acessível aos escorregões, disposta a pedir ajuda, antena do batimento cardíaco dos bichos.

Ao perder o coração, somos estranhamente mais coração. Somos todo coração. A perna é coração, o braço é coração, o fígado é coração, o rim é coração, o pulmão é coração.

Quem vive o divórcio conhece a atenção extrema da esperança. Lança-se ao caminho para reaver o amor e reintegrá-lo ao seu peito. Não tem a soberba da posse e o controle dos sentimentos. Com uma humildade que somente existe nos desesperados.

O MEDO DE PERDER ALGUÉM

Além do velho do saco, que poderia aparecer tocando a campainha se a gente não raspasse o prato ou se não dormisse no horário, havia o medo permanente da carrocinha, que levaria meu cachorro embora.

A esquina era ameaça do recolhimento dos cães.

Meu cachorro não poderia permanecer sozinho por aí, passear à toa, senão seria posto num furgão com cela, algemado, e jamais o teria de volta.

A carrocinha animou meus pesadelos de pequeno. Eu suava frio, arregalava os olhos, porque os pais diziam que o motorista não tinha compaixão: "animal andando sozinho, carregava". Ele nem procurava descobrir onde morava, não investigava seu paradeiro. E a mãe ainda vinha com o terrorismo de que os cachorros virariam sabão.

Sofria com a ameaça constante dos caçadores diabólicos das mascotes pela madrugada.

Preparei coleira para o cachorrinho, com endereço e telefone. Dava banho todo dia para que não parecesse sujo e anônimo. Explicava o caminho de casa, sempre largando ração no jardim para fixar o lugar.

Não deixava sair de perto. Observava quem abria o portão para que logo fechasse. Eu me arrepiava com cada visita e a possibilidade da porta encostada.

Protegia meu vira-lata mais do que brincava com ele.

É da infância o meu medo de perder alguém.

Carrego dentro de mim uma sensação de inesgotável vigília. Os efeitos colaterais das histórias de pequeno não terminaram na adolescência, seguiram adiante, atingiram o batimento cardíaco de homem feito.

Troquei apenas a carrocinha por outro nome. Mas não confio na rua. Dependo da proximidade para cuidar.

Peno quando meus familiares demoram a regressar. Prefiro estar longe a ficar em casa esperando — é menos tensão.

Todos os amores foram cachorros inofensivos, indefesos, vulneráveis a uma emboscada. Como se não pudessem se defender, como se não pudessem contornar as dificuldades, como se viver fosse pedir ajuda.

Não sei explicar exatamente. Fiquei sequelado pela contundência das advertências infantis.

A cada despedida de namoro, por exemplo, emergia a angústia: de que modo ela vai se cuidar sozinha? Vai dar conta dos perigos, recusar quem possa lhe fazer mal?

E perguntava se estava bem, se precisava de alguma coisa, telefonava e não me mantinha indiferente ou independente com a separação. Ainda carecia de notícias. Não me desligava completamente, até sentir que ela estava a salvo. Mas somente estaria a salvo comigo, na minha loucura atrapalhada de onipotência.

Talvez a carrocinha seja o meu pânico de virar sabão. Um herói sem missão, um salvador desempregado. Que eu termine esquecido, com o fim da espuma da raiva, e não seja procurado de volta.

O QUE DESEJAMOS QUANDO ESTAMOS MACHUCADOS

Eu entendo o que você diz.

Você deseja ser seduzida, admirada, está exausta de fazer esse trabalho.

Não pretende ser simpática, carinhosa, receptiva. Não pretende nada, farta de tentar, de ir atrás, de se arrepender, de amar por dois.

Você deseja não pensar agora, não tomar nenhuma decisão agora, não escolher nenhum lugar agora.

Você deseja ficar envolta em histórias para se distanciar de suas dores.

Você deseja sentir o medo chegando; o medo que é o primeiro sintoma da sinceridade.

Você deseja a tensão que só vem depois que todas as palavras foram usadas.

Você deseja a compreensão que é a vigília dos dedos em seus cabelos.

Você deseja o sexo antes do sexo, durante a escolha das frases.

Você deseja que o beijo seja apenas uma forma doce de se despedir e de se reencontrar.

Você deseja dar não apenas o seu corpo, mas o seu silêncio.

Você deseja que alguém segure seu rosto com as duas mãos, e que dê gosto para fechar os olhos em segurança.

Você deseja se ver protegida pelo ciúme, o charme do ciúme, não o coice do ciúme.

Você deseja não ter que se explicar, não ter que argumentar, não ter que provar coisa alguma.

Você deseja que o outro insista com ternura, que se prontifique a ficar perto, que assuma provisoriamente sua vida até que possa dar conta de tudo de novo.

Você deseja se sentir desejada. Como se fosse única, exclusiva.

O que mais deseja neste momento é ser insubstituível. Está cansada de tanto ver a eternidade morrer.

Você não precisa de milagres, mas de fé. Sem fé, não tem nem como amar.

EDUCADO DENTRO DE CASA

Educação dentro de casa não é formalidade, mas um ritual do amor.

Educação dentro de casa não afasta as pessoas, mas aproxima todas com o vínculo da palavra.

Educação dentro de casa não é frieza, mas intensidade.

Educação dentro de casa não é afetação, mas continuidade dos laços.

Educação dentro de casa não segrega, mas salvaguarda as diferenças.

Educação dentro de casa elimina o preconceito, a superioridade, a arrogância de se achar superior.

Educação dentro de casa não é exagero, mas o mínimo que se espera. Não depende de classe, de hierarquia, de cultura.

Educação é humildade, não falar de qualquer jeito, de qualquer forma. É para quem sabe ouvir, e não deseja somente falar.

É um tempo de espera que reduz as distorções, é um cumprimento que impede julgamentos, é um carinho que suaviza a estranheza, é uma dedicação permanente que conforta a carência.

Educação dentro de casa não afasta a coloquialidade, a espontaneidade, a franqueza, mas acentua o respeito e a liberdade de cada um.

Sou adepto da educação, favorável a dizer "por favor" e "obrigado" para a esposa nas mais banais situações: sozinho ou na frente dos outros.

É um "eu te amo" disfarçado. É um sinal de admiração.

Sem o bom-dia, a amizade não anoitece em paixão, a cumplicidade não dorme junto.

Educação não é para ser usada apenas socialmente, mas na sua vida menor, na sua vida silenciosa, na sua vida minúscula.

O casamento depende da gentileza. A rotina não pode apagar o cavalheirismo. O costume é julgar a convivência como passaporte para a grosseria. Conhecer seria atalhar e dispensar os caminhos longos da linguagem. Já penso o contrário. A proximidade deveria reforçar a atenção e não diminuí-la.

Perderá mais tempo solicitando "licença", porém ganhará sempre o reconhecimento de quem ama ao passar. Assim como nada melhor do que pedir desculpa para se mostrar realmente preocupado com o que a sua mulher deseja.

Mais complicado brigar com gente educada, mais difícil discutir com gente educada. As palavras ferem o dobro porque recebem o dobro de cuidado.

Boas maneiras protegem o casamento. A pressa é a inimiga da intimidade.

CASAL BRIGANDO ESQUECE QUE TEM FILHO

Quando estou numa discussão de relacionamento ainda me pego guri, ainda me pego distraído.

A mulher me pergunta algo simples e objetivo berrando e me perco no ponto de interrogação, somente presto atenção no agudo de seu timbre.

Ela questiona sim ou não, e rastejo indeciso num estado meditativo.

Com uma caneta nas mãos, faço de conta que não é comigo. Já me flagro tirando o canudo, reparando o estado da tinta, me desligo completamente das palavras. Diante da voz levantada, as palavras não são mais comigo, sou inteiro do silêncio.

É um estado de fuga que guardei da infância, no momento em que meus pais brigavam aos gritos.

O palco permanece montado em minha memória: arrumados na sala, eu e os irmãos brincávamos de Forte Apache enquanto esperávamos para almoçar.

Tudo ia bem, os cabelos estavam penteados e a mesa posta.

De repente, a porta da frente batia, os lustres balançavam e a paz ia embora.

Alguém saía de casa correndo, talvez o pai, talvez a mãe, e um seguia o outro.

A discrição não frequentava o nosso endereço, envolvia perseguição de carros, latidos desesperados no quintal, abraços histéricos e empurrões confusos.

Descobria que não teria almoço, nem sessão da tarde, muito menos tranquilidade.

A briga dava dois trabalhos: o de explicar aos vizinhos durante toda a semana o que acontecera e o de acalmar o coração que nunca sabia ao certo o que estava acontecendo.

Eu me abstraía de propósito, recusando determinar se correspondia ao fim do casamento ou a uma reiterada tentativa do papai e da mamãe de se entenderem e de serem felizes.

Os filhos desapareciam naquele instante para os pais, eles realmente esqueciam que eram pais. Casal quando briga esquece que tem filhos.

Alheios ao que escutávamos e à nossa posição vulnerável no front de batalha, retornavam para a sala, jogavam objetos nas paredes, soltavam palavrões que jamais poderíamos repetir e se xingavam mutuamente, com energia e disposição demoníacas.

Eu mexia cada vez mais no cocar de meu índio do Forte Apache e em sua machadinha marrom. Fingia que não existia, diminuindo de tamanho, até me transformar num boneco e alguém me guardar na caixinha para brincar no dia seguinte.

Fixo na caneta e vejo que não me defendo do medo de gritos, apesar de adulto, apesar da paternidade.

Em vez de escrever qualquer coisa de útil, em vez de pedir socorro, vou desmontando a caneta no meio de uma nova e inesperada gritaria doméstica.

INVASORES

— Já que ele não vai ficar comigo, não vai ficar com mais ninguém.

Assim também esquece que ele jamais olhará novamente para sua cara. Tentar destruir a próxima relação de seu ex ou flerte postando mensagens ofensivas e insinuações na web ou até mesmo mandando prints de conversas antigas é atitude de recalcada. Desceu sem volta o seu espírito para o inferno mais remoto. Não há depois como salvar o respeito e a reputação. É gesto de megera, de bruxa, de burra, de psicopata, onde os fins justificam os meios.

Pode estar desesperada, louca, histérica, mas até o jogo da sedução é constituído de regras e etiqueta, não é um vale-tudo emocional, o que não é recíproco deixa de vigorar como realidade, cabe respeitar a decisão de sua companhia, mesmo que um dia tenha recebido juras. Nada de destituir a liberdade do outro, que tem todo o direito de reavaliar o trajeto, não querer o relacionamento e trocar de opinião. Nada de bancar a hacker e entrar em contas alheias em nome de uma dor de cotovelo.

Depois de perder o amor, é muito fácil perder o amor-próprio e despencar para a grosseria.

Não é não, o não está a léguas de significar um charme, não é para insistir se não existe abertura, não é uma provocação, um desafio e uma oportunidade para provar o seu valor.

Se ele não quer ficar junto, não se rebaixe e, o mais grave, não busque rebaixar todo mundo. Não arraste inocentes para seu túmulo. Se está infeliz, não espalhe a infelicidade. Aceite a derrota e o fracasso com humildade. Não procure sofrer acompanhando a novela do amor recente nas redes sociais. Não fique investigando o perfil da nova namorada. Não faça comparações e conclusões distorcidas, não crie tumulto e fakes. Policial amador é criminoso.

Ele não quis permanecer a seu lado quando apresentou seu melhor, não é com o pior que mudará seu conceito.

Compreensão e respeito são capazes de trazer alguém de volta, jamais mentira e invasão de privacidade. Isso serve para homens e mulheres.

Não provoque o desprezo. O desprezo é a paixão azedando, vinho virando vinagre, sem rótulo e safra para ser lembrado.

Quando o sentimento acaba por uma das partes, é necessário ser amigo do tempo. O tempo cordial é a única esperança que resta.

BRIGANDO DIREITO

Sou fã de seriados, venho assistindo três ao mesmo tempo: Elementary, Narcos e Newsroom.

Neste último, um dos personagens jornalistas diz para uma colega de trabalho que vive se separando do namorado: "Vocês precisam aprender a brigar direito".

É um conselho que deveria ser levado para o ouvido do noivo e da noiva ao pé do altar: aprender a brigar direito é reduzir os danos e evitar as rupturas (e desgastantes reconciliações).

Briga boa é discussão curta, sem tempo para envolver outras pessoas e com espaço reduzido para não produzir ressentimentos. É falar o que feriu, explicar o ponto de vista, ouvir o contraponto, acolher as desculpas e seguir em frente, sem o risco de retaliações e excessos. Dependendo do que aconteceu, um longo telefonema ou um chimarrão ao entardecer resolve a pendenga.

Briga boa é aquela que não sai de casa, permanece dentro do círculo do relacionamento, a portas fechadas. Não vira cobrança, sermão e dívida. Mágoa longa sempre gera fofocas e opiniões incontroláveis de terceiros.

Briga boa não deve ultrapassar vinte e quatro horas, pois o mal-estar faz vítimas rapidamente. Nem todos têm paciência para ruminar desentendimentos. O suspense pela paz desperta o pessimismo nas almas amorosas. É duro controlar a ansiedade. O tema só chegará ao terapeuta depois de passar pela comunidade inteira.

O ideal é ter simplicidade para falar o que incomoda, não dependendo de conversas sérias e avisos de despejo.

Saber brigar é solucionar o impasse procurando as palavras certas, respirando fundo, prevenindo-se das agressões gratuitas, cuidando para não recorrer a afastamentos.

Ao banalizar o término, estará abrindo caminho para chantagens cada vez mais pesadas.

Briga boa significa preservar o seu par de algumas ofensas. Ultimatos são perigosos e costumam ser aceitos no momento de raiva. Desaconselhável desafiar a sua companhia com o fim — apressando a chance de ela fazer as malas.

Afinal, na gritaria, é o orgulho que manda, jamais o amor.

Briga boa é manter o foco de tudo o que é vivido a dois, e não apenas sublimar um momento ruim. Acima de tudo, cabe a delicadeza de trazer o contexto do romance à tona, o dia anterior, a sequência da intimidade. Fica mais fácil compreender a falha diante do conjunto da obra.

Ninguém está livre do erro, do engano e da distração. Brigas são desabafos. Não distorça a sua natureza catártica para um desproporcional acerto de contas.

Briga boa é, depois de reclamar, devolver a esperança com um beijo e um abraço apertado.

UMA SIMPLES MENSAGEM

Na vida de solteiro, liberdade é fazer o que se quer. Na vida de casado, liberdade é honrar a confiança: oferecer atenção e corresponder simultaneamente com a atenção recebida.

Há regras a serem seguidas, estabelecidas pelos dois. O ciúme ou a perda de credibilidade virá à medida que elas são quebradas. Não percebemos que o amor é legislação, e temos que respeitar o acordo e prestar contas da rotina. Não adianta bancar o esperto ou o distraído. Corrupção amorosa é desrespeito.

Solteiro pode bater a porta de casa sem avisar, aparecer na manhã seguinte sem explicar nada, dormir fora sem medo do despejo, voltar bêbado derrubando móveis e mijando no vaso da sala.

Casado tem alguém que se importa com todos os seus movimentos. Pois ternura é valorizar os mínimos detalhes, olhar para o hipotético com singularidade.

A emoção domina os fatos. Não existem bobagens quando predomina a compreensão e o hábito de se colocar no lugar do outro.

Se você sai sozinho, o seu papel é não deixar a sua companhia preocupada. Não há como abandonar a relação nem por um momento. Não custa nada mandar mensagens dizendo como está e o que vem fazendo. Uma foto ou um comentário não corresponderá a um tempo perdido ao longo de uma festa ou um jantar. Serão apenas alguns minutos de seu prazer. É um custo muito baixo para garantir a felicidade do casal e não gerar questionamentos à toa. Muitos não fazem porque não pretendem se sentir controlados. Alegam que não acessaram o celular, que estava no mudo e que a noite passou rapidamente. E quem até o momento esperava na boa, confortado, impregnado de fé, respeitando o espaço de cada um, ficará pensando bobagem, muito mais envolvendo a insegurança de hoje do que a infidelidade.

A alegria não deve tirar o sono de ninguém, não deve roubar o sossego justamente daquele que ama. Não é consolo explicar que não fez nada de errado e não traiu, o que impede muita gente de pedir desculpa. Não é este o problema que estará em questão, mas a completa indiferença. Aquele que reclama termina com a fama de possessivo. E o que não avisou chama para si o papel de vítima, já que aparentemente não cometeu nenhum grande erro.

O relacionamento é feito de pequenas reciprocidades. O risco é confundir cuidado com vigilância. Nos dias atuais, com as notícias policiais prosperando, não é possível contar com o luxo de desaparecer por cinco horas.

Casar tem o lado ruim de não ser mais inconsequente. O nome disso é responsabilidade. Não há lealdade excluindo a responsabilidade.

CONSTRUÇÃO A DOIS

Se a paixão é uma invenção a dois, com troca de projetos e planos, a separação não pode continuar sendo uma decisão unilateral.

Não pode seguir como uma intervenção egoísta. O que costuma ocorrer é um desabafo desinteressado: "Não quero mais, e que cada um siga seu caminho".

Toda uma história em comum é jogada fora.

Quem começou a brincadeira deve ter a coragem de terminá-la, e não sair no meio porque acabou a vontade.

O fim também precisa ser uma construção do casal, e não somente para casais com filhos.

É essencial sentar frente a frente e entender o que aconteceu de errado, avaliar as crises e rupturas, descobrir onde a lealdade desanimou, onde o remorso se agigantou.

Ser um casal também na despedida, partilhando as lembranças e a autoria dos problemas.

Talvez venha a surgir, da compreensão, a amizade e, quem sabe, o renascimento da atração.

Reunir-se com calma e carinho para expor o que não funcionou, e para experimentar um luto menos sofrido, com a distribuição dos lugares a frequentar e modos de interagir.

Sou favorável a uma última viagem do par que está se afastando. O contrário de uma lua de mel.

Ao definir o término, os dois tirariam uma semana de folga para ficar uma semana relaxando e dormindo no mesmo quarto, trancados num resort.

Assim como existem cursos de treinamento profissional em hotel, fariam um destreinamento sentimental, destinados a resolver as diferenças e não respingar ódio e raiva entre os amigos e conhecidos.

A dupla atravessaria uma imersão amorosa forçada, férias de ruptura, para passar a limpo o relacionamento. De preferência num lugar bem bonito, uma ilha paradisíaca, em que os hóspedes são enamorados e dispostos.

Não haverá melhor teste de resistência. Ambos vão tirar uma febre se realmente desejam permanecer longe, ou se era somente uma fase triste de cansaço e estresse, o que chamo de blecaute de personalidade.

Com outros casais por perto, estarão sujeitos ao extremo dos sentimentos, vulneráveis à nostalgia, à inveja e à angústia.

Haverá ainda crises de ciúmes em caso de amor sincero (Onde esteve? Com quem estava conversando?) ou de indiferença na hipótese de rompimento verdadeiro.

Será que suportariam café na cama e jantar à luz de velas? Será que resistiriam a uma praia ensolarada? Será que sobreviveriam a uma rodada de drinques coloridos e afrodisíacos? Será que não cederiam às tentações da recaída em ambiente romântico?

Pois quem quer se afastar não dará a mínima ao luxo e ao conforto, estragará qualquer cenário com sua implicância.

Mas aquele que por dentro ainda está casado verá no desfecho mais uma esperança de ser feliz.

Terminar é também se entender e se fazer entender.

SEPARAÇÃO FELIZ

Reforçando a ideia do fim como construção a dois, você deve se separar quando está feliz. É meu excêntrico conselho. Porque não adianta se separar na tristeza se continua casado com a alegria do outro. É só a fase ruim passar que terá recaída e esquecerá as mágoas. É só o desentendimento esmorecer e a luz do sol bater na sala e no quarto que o amor manda de novo em casa.

Uma decisão fora de si perderá a validade quando voltar a si.

Você é capaz de rebater os ressentimentos e as brigas com facilidade, justificar o fim com rotina morna e sem sexo, mas não resistirá ao riso do seu par, às promessas de festa, aos carinhos e juras apaixonadas.

Precisa não gostar mais dentro do contentamento, para não cometer o engano de se afastar de uma das facetas de sua companhia e permanecer secretamente vinculado às demais.

A tendência é correr do namoro ou casamento no desespero, por pura ânsia, sem distanciamento do todo, sem recobrar as caminhadas deliciosas de mãos dadas e dos pés se acarinhando de noite.

Se não tem coragem de pedir o desenlace no céu, a queda é ensaio para repetir o voo.

É uma sabotagem piorar o que se encontra pior — raro é definir a incompatibilidade na mansidão.

Ao fugir às pressas do que incomoda, será perseguido depois por aquilo que lhe satisfazia e não tem mais. É se dar um tempo sozinho que as lembranças irresistivelmente agradáveis tomarão conta, e se achará um idiota por não comparar o joio e o trigo, a joia e a gema.

Precisa definir o ponto final durante a reciprocidade, não na falta; a carência é uma miragem e produz distorções e exageros.

Precisa elaborar o julgamento na presença, pois reclamar da ausência é parte da saudade.

Precisa propor a partilha no período de paciência, com o juízo firme e a esperança atenta, jamais com o orgulho ferido ou em meio à coerção das gritarias e ofensas.

O problema é que os pares rompem os laços quando estão mal, inventando purgatórios entre os amigos e familiares, e depois sucumbem aos encantos quando se recuperam e se veem pacificados da raiva.

No romance, o inferno é próximo e complementar ao paraíso, mas o medo de uma semana difícil ser para sempre causa precipitações.

Se a separação não é feita no momento favorável, é que ainda não se está seguro da mudança.

Desamor mesmo é querer ir embora quando tem todos os motivos para ficar. Ir no melhor dia porque nem o melhor dia segura.

Se não ama mais, daí sim nem a alegria fará efeito. Nem o beijo mais longo. Nem o abraço mais demorado e mais cálido. Descobrirá que é um estranho para um estranho, e a intimidade certamente morreu.

O CIÚME VEM DA FALTA DE ELOGIO E DE JURAS

A insegurança vem da escassez de elogio no relacionamento. O medo de perder alguém decorre da ausência de reconhecimento. O ciúme é a falta de clareza de quanto é importante e insubstituível para o outro. Você enfrenta um processo de desvalia em que seu par cobra e reclama e implica e não verbaliza suas virtudes. Você não se enxerga amado e identifica qualquer um que se aproxima como ameaça. Há um rebaixamento, proposital ou involuntário, que acaba com seu amor-próprio e criminaliza sua carência. Não é chamado de gostoso, seu desempenho na cama não é destacado, não vive uma aura de singularidade no casamento ou namoro. Sua sensibilidade e dedicação não são agradecidas. Se frequenta uma balada, a sensação é de que não dança direito. Se janta em um restaurante, a sensação é de que não se comporta direito.

É sempre questionado e criticado, mesmo quando age distraído. Parece que está devendo, existe uma reticência que não entrega o quanto é fundamental, o quanto foi escolhido.

Tanto o passado dela como o futuro surgem como quadros mais completos e promissores do que o presente que participa. Ela sugere que se divertia mais ou que era mais irreverente antigamente.

Você vai se encolhendo, esperando o pior, encurralado na sina de não ser o ideal, porém um esboço passageiro e um entretenimento pontual. É mais um, não é definido como o único.

Tem receio do que ela tenha vivido ou possa viver, capaz de evidenciar o contraste.

Ela não isola os momentos de vocês como os mais felizes, e sim recorda com frequência o quanto foi livre e correspondida em carnavais anteriores.

O cotidiano a dois é tratado como automático, comum, normal, rasteiro, não importando a festa que faça, em contraposição desigual do jeito sublime que ela recorda dos seus antecedentes de solteira.

O rebaixamento da atual troca amorosa é um pretexto para a crise. A permanente insatisfação dela gera a queda irreversível de seu ego.

Pois sofre com uma desvantagem moral por dentro, derrotado na vaidade, implicitamente subjugado.

O ciúme é o medo da comparação, é o medo do resultado já que se entende diariamente avaliado e abaixo das expectativas.

Com exceção da perseguição patológica e da projeção dos próprios erros, o ciúme é a revolta por não se perceber valorizado. A pessoa ataca por se sentir atacada, julga por se sentir julgada, cria teses paranoicas porque nada é dito com objetividade. Não se projeta como indispensável, mas provisória e sujeita a rompimentos diante de ofertas mais generosas do destino.

O amor precisa falar, deve falar, portanto, não poupe agradecimentos e juras durante a convivência. O casal jamais pode perder a exclusividade romântica, de que estão juntos por um encontro inspirado e de que não há chance para terceiros ou divergências: ele é o homem de sua vida e ela é a mulher de sua vida.

Desentendimentos virão sem abalar esta certeza.

Se é uma ilusão, ainda é a melhor e duradoura. É uma ilusão a dois, muito superior ao ciúme, que é uma ilusão triste e solitária, feita do recalque de não ser admirado por quem mais se ama.

QUANDO O RISO DÓI

Faremos alguém feliz quando descobrirmos que ele pode ser feliz também em nossa ausência. Quando o amor abdica da aura de condenação.

As ameaças românticas sempre giram na subtração do contentamento com a distância. Se quem amamos não está conosco, será infeliz.

Pois o riso do outro, sem a nossa presença, significaria que ele não nos valoriza, seria identificado como dispensa, alta traição, insensibilidade diante da dedicada dependência. Sentimos ciúme desproporcional, a ponto da gargalhada sem a nossa autoria doer como uma lágrima.

Não é verdade, o nosso par é capaz de ser bem feliz separado.

Há o desejo perverso de que o outro se dane afastado. Mas é uma ansiedade infantil de possessividade.

Não somos a única fonte de felicidade de uma pessoa. Ela foi feliz antes de nos conhecer e será também depois. Esta noção salva casamentos, elimina restrições e chantagens, acentua o livre-arbítrio, valoriza a relação.

Não é que ela está comigo porque não consegue ser feliz longe, é que, mesmo podendo ser feliz longe, ainda é mais feliz comigo.

Somos a melhor opção, não a única. Somos a companhia predileta, não a que restou.

O certo é se enxergar o destino de uma alegria, em vez de sua viciada origem.

No momento em que condicionamos o bem-estar, prosperamos o pânico. Funda-se a convivência pelo medo de perder o que se tem, jamais pela confiança de ter sido escolhido e eleito todo dia.

Não podemos sequestrar a felicidade do outro no casamento ou no namoro como se fosse nossa, como se só dependesse de nossa proximidade, vinculando a alegria ao egoísmo dos laços.

Maturidade é ser indispensável justamente por deixar a porta aberta.

A SURRA DE CINTO

Meu amigo levou uma surra do pai aos 13 anos, de cinto.

Foi a primeira e única surra que recebeu na vida. Por uma injustiça. Responsabilizado por quebrar o rádio que nem usava. Um rádio que deveria ter estragado pelo mau contato do fio.

A fivela marcou suas costas.

Quando apanhou no quarto, não gritou por socorro, não chorou, não esperneou. Manteve-se obediente até o final do castigo, ficava preocupado em localizar a língua de metal. E se distraía tentando adivinhar os próximos ricochetes do ferrinho em sua pele.

Seu pai já não ajudava na demonstração do afeto: quieto, casmurro, de poucas palavras. Depois disso, a admiração tácita pelo papel de cuidador também se desfez lentamente. Nem o silêncio entre eles se salvou, evitavam olhar-se nos olhos.

Em toda conversa com o pai, esperava um pedido de desculpas, que não veio. Ambos comiam de cabeça baixa, como cavalos cansados.

O pai explodiu porque estava desesperado, irritado, preocupado com falta de vaga na construção civil e com a demora em arranjar um novo posto de trabalho.

O filho era a pessoa mais próxima no momento de raiva. Dependendo das circunstâncias, poderia ter sido a mãe, o irmão, o cachorro em seu lugar.

Só que sobrou para ele. E ele cresceu, casou, teve uma filha, obteve reconhecimento como professor universitário, abriu uma empresa de engenharia, mas jamais esqueceu o assunto. Seguiu adiante na vida, ainda que engasgado pela incompreensão do sangue. Amadureceu de um jeito ou de outro, pela convicção da aparência, apesar de permanecer parado na mesma lembrança.

Um dia, quando ele já ultrapassara os 40 anos, o então velho pai entra em sua residência, senta para tomar café da manhã. Cumprimenta a nora e a neta e se põe em sua frente com a pupila mareada.

Do nada, sem nenhum contexto, enquanto abria o pão com suas mãos macilentas e veias azuladas, o pai começa a se desculpar:

— Lembra quando eu lhe bati em sua infância? Lembra? Você estava na oitava série. Eu queria pedir perdão. Estava fora de mim. Foi um erro, um grande erro.

Quando finalmente obteve a retratação, o que ansiava ao longo de 27 anos, o filho não tirou proveito da situação, não foi arrogante, não descontou a raiva, não se prevaleceu, não julgou a demora, não condenou o atraso, não jogou na cara que pensou naquilo todos os dias; preferiu aliviar o sofrimento paterno, optou por cuidar do constrangimento paterno, o amor ao pai superou seu orgulho ferido, e apenas disse:

— Nem me lembro, pai.

POR QUE PAREI DE LER LIVROS PARA MEUS FILHOS?

Eu cheguei cansado do trabalho, preparei o jantar e chamei meu filho adolescente para perto.

— Vem me ouvir! Comprei um romance bem bacana, deixa ler os primeiros capítulos?

Ele não negou, talvez pelo tom despretensioso do convite, assim como quem mostra um vídeo engraçado no YouTube.

Sentou no sofá ao meu lado. O rosto arregalado com o imprevisto. Nem eu compreendi o que passou pela minha cabeça, quis ler para o Vicente, apesar dos seus 12 anos e de outros interesses.

Ficamos quarenta minutos juntos. Eu virando as páginas com a minha voz, ele interessado com o que iria acontecer no enredo.

Assim que terminou parte da trama, falei:

— Por hoje é só, amanhã continuamos.

Fiquei emocionado ao dar boa-noite. O timbre embargou, o nariz trancou, a garganta encolheu numa pontada de secura.

Despistei. Mas somei todas as paternidades de repente em meu sangue, reuni minhas paternidades, teci um inventário de meu passado cuidador.

Voltei a ser o pai de antes, o pai de seus primeiros anos, o pai que não permitia trocar a folha do calendário sem antes mudar a folha de um livro, o pai que se debruçava na sua cama com a luz fraca do abajur para descrever façanhas de seus personagens prediletos, o pai que fingia não estar demolido pelo serviço, o pai que só fechava a porta do quarto de seu filho quando tinha certeza que ele fechara os olhos, o pai que levantava o cobertor até o pescoço e secretamente oferecia um beijo na testa.

Ele voltou a ser meu menino, o menino que insistia que continuasse a conversa para permanecer acordado, o menino que fazia perguntas incríveis e curiosas (que me intrigavam: onde ele aprendeu isso?), o menino que questionava o que significava uma palavra estranha, o menino que pressentia quando corria com a entonação para esconder cenas de terror, o menino que me encarava, fixo, espectador de meus lábios, com uma admiração de teatro de fantoches.

E me bateu um arrependimento: Por que parei de ler livros para os meus filhos? Somente porque cresceram e não eram mais crianças?

As histórias antes de dormir não devem ser restritas à infância.

Ler para meu filho, em qualquer idade, é protegê-lo. É uma segurança maior do que chavear o apartamento ou fechar as janelas.

Ele saberá que estou próximo, que pode adormecer e eu seguirei cuidando da casa, que alguém vigia seus sonhos, que acordará daqui a algumas horas e verá que nada mudou com sua breve ausência.

Mesmo que sejam três parágrafos por dia. Que ele sempre escute a voz paterna descrevendo o mundo.

A voz que ele se acostumou a ouvir quando pequeno e que ajudou a formar, de algum jeito, sua alma.

INFÂNCIA COM INÍCIO, MEIO E FIM

Fui vários meninos. Sou adulto porque brinquei tudo o que podia na infância. Gastei a infância. Usei a infância. Encardi a infância. Envelheci a infância.

Fui o menino das bolinhas de gude. Meu dedão é um gatilho de bolitas.

Fui o menino do futebol de botão. Chamava o meu time de Resto do Mundo e sempre acabava como o vice-campeão do bairro — jamais ganhei do Rodrigo, meu irmão mais velho.

Fui o menino do Banco Imobiliário, Detetive, War, Pula-Pirata, Playmobil, Pinogol, Aquaplay e Atari.

Fui o menino do Forte Apache, com índios montando ataque à cavalaria, escondidos nas samambaias da varanda.

Fui o menino que não comprava cachorro, adotava vira-lata manco e perdido nas redondezas (antes da carrocinha achá-los).

Fui o menino do carrinho de rolimã. Ia para escola seguindo o rastro das rodas nas lajes.

Fui o menino que tirava a fofolete da caixinha de fósforo das colegas para colocar uma barata no lugar.

Fui o menino do ioiô, havia campeonato na escola para demonstrar manobras como estrela, pêndulo de relógio e cachorro passeando.

Fui o menino das pipas. Os fios elétricos colecionavam as minhas invenções coloridas.

Fui o menino de jogar pedras no rio. Criava círculos perfeitos em lançamentos rasantes. O rio nunca afundou em meus olhos.

Fui o menino de jogar bola de garagem a garagem. A turma parava a partida quando passava um carro.

Fui o menino do pião, minha bailarina, meu ciclone de estimação, rezando por mais uma pirueta, e que um novo giro levasse as tristezas embora.

Fui o menino do caçador, do esconde-esconde, do polícia-ladrão, de encontrar vãos e subir nos telhados.

Fui o menino de roubar frutas da casa dos outros. Um dia devolvo.

Fui o menino de jogar bexiguinha do alto dos prédios nas pessoas. Fazia o cálculo mental, atirava sem olhar, me escondia e esperava o grito de quem passava pela minha rua.

Fui o menino de só voltar para a residência quando já era noite, quando o sol também cansava, quando a lua não tinha mais força para disputar corrida, quando o jantar estava na mesa e eu ainda precisava tomar banho.

Hoje crianças já são adolescentes ao nascer e crescem sem ter infância.

LÓGICA INFANTIL

Os pais, quando conversam com seus filhos, infantilizam a linguagem de tal maneira que nem a criança entende.

Eles são quase debiloides, quase!, concluindo que a empatia se dará se parecerem engraçados. Abusam dos diminutivos, dos gritinhos e das metáforas. Esquecem que a criança tem medo de palhaços. E que a maior graça é falar sério.

Eu me lembro de duas histórias com os meus filhos quando ambos, em épocas diferentes, tinham 3 anos.

Sempre viajei muito durante a minha vida profissional. Às vezes, no inverno, o aeroporto Salgado Filho de Porto Alegre fechava pelo mau tempo e me impedia de embarcar para palestras.

Num almoço em casa, alcançando comida para Mariana, ela cismou de bloquear a boca e resmungava:

— Neblina! Neblina!

— Neblina, o quê? Come, minha filha. Olha o aviãozinho...

E imitava rasantes com a colher cheia de feijão.

Ela não cansava de repetir neblina.

Já estava me irritando:

— Não é hora de brincar, mas de comer.

Apressado, não percebia a minha confusão, pois simulava um aviãozinho e argumentava que não era hora de brincar. As mensagens não evidenciavam nenhuma coerência.

— Neblina! Neblina!

Só depois de um dia inteiro matutando o que minha filha gostaria de sinalizar com neblina, é que entendi que ela falava do aeroporto fechado, que deveria ter ouvido em algum de meus discursos pela casa.

Por sua vez, o Vicente, na mesma idade, entrou em um surto de berros — ele que se mostrava calmo e comportado — quando perguntou onde estava a mãe antes de sairmos para passear e disse que ela tinha ido se trocar.

Desaguava compulsivamente. Nunca o vi gritar daquele jeito. Como se fosse um bebê com cólicas. Batia os punhos no chão. Esperneava. Ele me assustou completamente, nunca passou pela minha cabeça que gostasse tanto de praça a ponto de não admitir uma eventual demora. Já o julgava mimado e birrento, prevendo castigos.

— O que está acontecendo, Vicente?

— Não quero que troquem a minha mãe. Eu amo a minha mãe.

As crianças têm lógica, os adultos não.

SOBREI, SOU PAI

A paternidade abole a frescura. Elimina qualquer pudor. Desfaz nojos e fobias.

Fui me tornando pai sem querer, sem a consciência aguda da mudança.

Quando fui ver estava recolhendo o prato do filho e garfando pedaço do bife frio que ele não comeu, recolhendo a fileira de arroz sobrevivente e colocando na boca, remontando o bolinho mordido e não finalizado, como se os seus restos fossem a minha responsabilidade. Sem nenhuma divisória, sem nenhum bloqueio, seu paladar estendia o meu, seus hábitos completavam a minha rotina. Havia um amor incondicional que não existia antes. Um amor instintivo de bicho cuidando de sua cria.

Não admitia colocar comida fora. Mesmo que não tivesse fome, repetia o gesto antes de empilhar a louça na pia. Raspava sua porcelana com uma espontaneidade incomum. Com a velocidade de um guardanapo.

Era mais pai colhendo os farelos e ciscos de seu almoço. Quantas vezes a minha mãe fez isto silenciosamente? Quantas vezes ela pegou com a mão e mordeu as verduras postas de lado em minha bandeja?

Fui me tornando pai na surdina, na oposição da cozinha, na resistência das sombras. Nem concordando, muito menos sendo festejado.

Minha filha adolescente, por exemplo, sempre me perguntava onde estaria de tarde. Eu respondia com detalhes, feliz que se interessasse por mim, arrebatado pela sua preocupação em partilhar o GPS de meus dias. Imaginava que gostaria de me surpreender com um café ou um abraço.

Mas não era por uma intenção nobre que ela me questionava, muitos menos afetuosa. Procurava definir o meu paradeiro e antecipar o meu destino simplesmente para não me encontrar. Sofria do pânico social, uma vontade atávica e desesperada de se esconder de mim, de me ocultar, de não dar explicações a meu respeito aos seus colegas. Vi que se envergonhava de ser filha e dependente e ainda criança diante de meus olhos — se pudesse me trancava no quarto e jogava fora a chave.

Um dia, ao descobrir que faria uma palestra no shopping Praia de Belas, me convocou para uma conversa séria: — Pai, não apareça no segundo andar, que estarei com minhas amigas!

Tive que prometer não subir a escada rolante em nenhuma hipótese. Só se acalmou quando jurei com os dedos cruzados.

Ser pai é terminar sendo as sobras dos filhos.

CONSPIRAÇÃO DESDE O VENTRE

Quando o filho enfrenta um divórcio, a mãe quer sofrer mais do que ele.

Ela não lamenta que ele está sofrendo, ela destaca que ela está sofrendo muito.

Em vez de tranquilizá-lo, trata de acentuar o desespero.

— Eu não merecia passar por mais esta infelicidade!

Realmente acredita que o desenlace atingiu sua honra.

Potencializa a tragédia, classifica um simples desentendimento como impasse diplomático.

Como o filho não esclareceu o que ocorreu, justamente com medo da fofoca, ela tem toda a liberdade para inventar os fatos e concluir por conta própria.

Daí joga a pá de cal no romance. A ex acreditará que ele meteu a língua nos dentes quando, na verdade, nem abriu o bico. A mãe enterra a nora viva. Se possível, com a sogra junto.

A difamação partirá da imaginação materna sem limites, feita na melhor das intenções. Cola pedaços de conversa, gruda insinuações e emite um veredito arbitrário do fim do amor.

Converterá o luto do filho, sua discrição triste e silenciosa, seu acanhamento reflexivo, em programa de auditório.

Como ele não pode se defender de nada, muito menos dela, abusa do microfone.

Aproveita o momento em que ele não tem condições de falar para falar por ele. Atende ao telefone, caminha no bairro, conduz eventos familiares como a porta-voz recém-empossada do divórcio.

O porteiro do prédio será o primeiro a saber — pois o porteiro do prédio é o marido espiritual da mãe solteirona.

Ela não deixa esfriar a ruptura, não permite tempo das pazes, um intervalo para cicatrizar as feridas, faz questão de incendiar o resto para que os dois nunca mais voltem.

Não oferece paz e sossego, e sim escarcéu e suspeita.

Põe o remédio na língua no instante de narrar o episódio, diz que não vai aguentar, chora pela família destruída, ainda mais se tem criança no meio.

Separação dos filhos para as mães é melhor do que morte, já que não têm que pagar enterro.

Ela conta para o mundo inteiro que o filho se separou, explica aos amigos os capítulos do dia anterior da novela, recebe as condolências em nome dos envolvidos. Não cumprimenta mais direito as pessoas, já sai informando: — Bom dia, meu filho se separou...

Estraga qualquer reconciliação criticando a ex-mulher, sugerindo que o filho foi corneado. Não dá para entender como toda mãe torce para que o filho seja corneado. É uma adoração pela hipótese da infidelidade, quando na maioria das vezes não é o caso. Propaga a teoria com objetivo de comprovar que nenhuma mulher mais presta, somente ela.

É a mãe porta de cadeia. O filho errou, pisou na bola, infernizou a vida da outra, mantinha amante, mas será sempre um santo, um injustiçado pelo amor.

Na hora de se separar, pense no poder de fofoca de sua mãe. Com certeza, ajudará muito a permanecer casado.

PAIS SÓ DENTRO DO CASAMENTO

Há pais que somente são pais dentro do casamento. Quando se separam, deixam a paternidade com a ex-esposa. Largam os filhos.

Não continuam pais quando solteiros e divorciados. Eles exercem a paternidade para agradar a atual mulher. Para impressionar. Para transparecer seriedade. Para sinalizar que pretendem constituir família. Para ostentar planos e projetos de gente grande.

Não seguem com os filhos após o relacionamento. Abandonam as crianças, como se fossem enteados de ocasião.

A paternidade é vista como um capricho do romance, não uma decisão para a vida inteira. Realizam o sonho de mãe de cada mulher, indiferentes ao pesadelo paterno que podem impor com sua futura ausência.

Assumem os filhos em nome da esposa, ótimos e afetuosos com seus dependentes enquanto têm interesse na companheira.

Depois desaparecem, espaçam as visitas, estreitam os telefonemas, mudam de perfil, rompem os laços.

Não carregam culpa, capazes de engravidar de novo em outra história e repetir a dedicação e o consequente êxodo. A alienação com filhos anteriores não impede a reincidência. Formam uma segunda família do zero, absolutamente desmemoriados.

A paternidade aparece como um ciclo do namoro, jamais como responsabilidade integral. É um contexto provisório, uma circunstância da sedução. Desprezam o caráter permanente do envolvimento filial.

Esses pais amam seus filhos a partir das mulheres, não além das mulheres.

São pais de fachada, que usam as crianças para sensibilizar a alma feminina. São pais psicopatas do amor.

SUCESSO NA FAMÍLIA

É muito mais difícil hoje ter sucesso na família do que no trabalho.

Mais complicado ter estabilidade amorosa, pertencer ao universo dos casais felizes e compreensivos, interessados e preocupados, que se demoram com aquele olhar de semana inteira, que se incentivam de noite, que se elevam a ponto de se imaginarem voando.

Se nos dedicamos unicamente para um amor, somos fracassados. Ser dona de casa ou dono de casa é uma ofensa para independência. Esperar com ansiedade que nossa companhia chegue é uma ofensa para a independência. Ter ciúme é uma ofensa para a independência. Ter insegurança é uma ofensa para a independência. Ter saudade é uma ofensa para a independência. Ter medo é uma ofensa para a independência. Prender-se ao marido ou a esposa é uma ofensa para a independência.

O conselho que recebemos é "tenha vida própria", jamais "vida a dois" é compreendida como vida própria.

Pequenas delicadezas como lavar louça, arrumar a cama, preparar um almoço, são cada vez mais raras. Fugimos de ficar em casa — casa é sinal de tédio, monotonia, antipatia social.

Ao aparecer na segunda-feira no trabalho e alguém perguntar o que fez no final de semana e responder "Nada, fiquei em casa", você será classificado como zumbi.

Temos que sair, viajar, frequentar lugares badalados para gerar inveja nas redes sociais.

Ninguém quer ser mais caseiro. Ninguém quer ser mais do outro. Só desejamos a nossa felicidade, custe o que custar, não desejamos fazer o outro feliz.

Ninguém abdica do protagonismo para escrever uma história de amor. O amor romântico está em desuso. Shakespeare está morto. Goethe está morto.

Nem é questão de exclusividade, mas de colocar a família como prioridade, o marido ou a esposa acima dos demais compromissos.

Ninguém pretende ceder ou se doar, como se fosse falta de personalidade. Cada um tem que proteger sua identidade para não ser corrompido pelos prazeres, hábitos e manias dos demais.

A gente arruma emprego fácil; já não é fácil arrumar alguém com vontade de se entregar, paciência para dar e receber e disposição para ser eterno na intimidade.

ATÉ QUE O FACEBOOK NOS SEPARE

Ser fiel e leal atualmente exige novos acréscimos no juramento da igreja.

É preciso ser fiel e leal na saúde e na doença, na riqueza e na pobreza, mas também no Facebook, no WhatsApp, no Skype, no e-mail, no Twitter, no Instagram...

Estamos nos casando hoje duas vezes. São dois casamentos simultâneos: na realidade e na virtualidade.

Tem gente que casa na vida real e não na virtual.

Não é apenas ser fiel e leal com o corpo, mas também com a imaginação e com a fantasia.

Não é apenas ser fiel e leal dividindo as tarefas, mas também não escondendo nada no celular.

Não é apenas ser fiel e leal em casa, mas em todas as caixinhas de mensagens e inbox.

Não é apenas ser fiel e leal falando, mas também em todas as letras, bytes e emojis.

Não é apenas ser fiel e leal na aparência, mas também quando ninguém está olhando, o que significa não seduzir ou não se mostrar fácil em diálogos na web, é ser casado vinte e quatro horas, é não testar os limites de estranhos com perguntas, não acreditar que traição é apenas sexo.

Traição é ser íntimo de duas pessoas ao mesmo tempo.

UMA CASA NO CAMPO

Depois da liberdade sexual dos anos 60, estamos atingindo o tédio sexual. Nunca foi tão fácil transar. É um clique e temos à disposição em aplicativos pessoas interessadas e próximas.

Na web, há um acervo que poderia entreter os mais maníacos. Casas de swing são práticas corriqueiras. Nas baladas, é natural se envolver sem falar o nome. Hoje Édipo nunca saberia que estava se relacionando com sua mãe Jocasta.

Passará vergonha se não guarda chicote, venda, algemas e vibradores no criado-mundo. A privacidade é pública e ninguém mais se escandaliza com nada.

Perdeu a graça dizer expressões safadas no ouvido da mulher. Vadia, puta e cadela formam um repertório inofensivo. Não produz mais cócegas na imaginação. A imoralidade não desencadeia fantasias.

Somos meros animais satisfazendo as suas necessidades mais básicas. Não pensamos o sexo, renunciamos a elaboração de segredos e mistérios.

O que deve acontecer é uma volta ao conservadorismo. Logo mais nos comoveremos com as canelas e os cotovelos.

Alimentaremos devaneios com a penugem loira dos braços, ou com a nuca arrepiada.

O que nos restará na cama é retornar ao romantismo, à poesia, às juras de vida a dois, ao cavalheirismo.

Como o erotismo representa a quebra do lugar-comum, a tendência é procurar o oposto dos nossos dias explícitos.

A atração estará residindo na intimidade. O respeito substituirá a falta de pudor.

"Com licença" e "por favor" servirão de preliminares.

Pornografia não seduzirá como antes. O que fará o outro gozar será a promessa de filhos.

— Me engravida!

O compromisso que assustava antes na cama poderá excitar. Verbalizar o desejo de uma casa no campo ou de uma velhice juntos apressará o prazer.

A monogamia dominará o discurso na cama.

— Você é só meu, não transarei com mais ninguém.

A brancura dos lençóis será o equivalente a de um altar.

— Me dê um filho!

E o homem não irá broxar. Pelo contrário, ele se enxergará eleito, exclusivo, único. A perspectiva de ser pai redobrará os seus movimentos.

Já vejo o apelo crescendo até o orgasmo:

— Me dê gêmeos!

— Me dê trigêmeos!

— Me dê quadrigêmeos!

E ambos soltarão gemidos ensandecidos e gritos sonhando com a residência cheia, de cercas brancas e jardim podado.

TEORIA GERAL DOS INIMIGOS

Inimigo é alguém que trocou de lado.

Não pode ser inimigo sem longa convivência.

Inimigo requer uma intimidade traída. Pressupõe uma confiança quebrada. Responde a uma lealdade ofendida.

Não tem como vir de uma relação superficial, de uma simples discordância ideológica.

Inimigo é coisa do coração, não resultado de opinião. Demora tempo, uma vida para se formar.

Caso odeie e não conheça, é um adversário ou um opositor, jamais inimigo. Provocará somente desilusão.

Com o inimigo, partilhou segredos, dividiu ambições, explicou seu temperamento. Será mais inteligente porque expôs seus pontos fracos. Ele irrita não porque diz mentiras, mas verdades a seu respeito. Ele converte segredos em fatos.

O inimigo é o espelho da megalomania. Só tem inimigo aquele que se acha grande e que esperava gratidão.

Diferente de nossos familiares, o inimigo é educado, aperta a mão, fala com calma, destila seu veneno. Ter um inimigo salva o cavalheirismo da extinção.

O inimigo fortalece o trabalho, acentua sua criatividade. Articula vinganças e represálias sem parar, não descansa de preparar respostas. Além de ser um plano de saúde vitalício, garante a longevidade e o condicionamento — pretende viver para vê-lo morrer.

O inimigo é um apaixonado incurável, continua ligado pela raiva. Tanto que ele dedicará mais tempo para você do que para os amigos dele.

Acaba sendo também uma repescagem da honestidade. Ele fala pela frente o que todo mundo comentava pelas costas. Descobrirá o que realmente pensam de você pelo inimigo. É a mais confiável pesquisa de opinião, o mais honesto ibope de sua rejeição.

Não é simples fazer inimigos, é admirar quem nos amaldiçoou, é suportar a falta de quem nos amou verdadeiramente. Pois o inimigo já foi um dia amigo, o melhor amigo. A inimizade é apenas uma forma agressiva de saudade.

NÃO FUI CONVIDADO

Você casou!, e eu vi somente agora no Facebook de um colega, que vida otária é esta?, vá se foder, como que a gente se perdeu?, não acredito que saí de tua vida, não acredito que não fui convidado para a sua festa, me deu uma raiva da porra por não ser íntimo o suficiente, sei que dirá que foi uma cerimônia para poucos e familiares, mas eu queria ser um dos poucos e um dos familiares, estou com raiva, muita raiva, e raiva de mim que não cultivei a nossa amizade.

Só posso lhe ofender para demonstrar toda a sua grandeza, homem apenas se gosta ofendendo, poeta de merda. Como que nos separamos? Como que não chiamos com a falta? Como que aceitamos o desligamento passivamente? Que mundo estúpido, imbecil, fútil, onde dois caras que começaram juntos a escrever acabam se afastando? Éramos comparsas, mafiosos, confidentes, acompanhei seus sofrimentos e suportou as minhas dores, estreamos os microfones dos saraus na mesma época, não aceitávamos que alguém falasse mal um do outro, tirávamos sarro das pretensões e da fama, ríamos da precariedade e de quem se levasse a sério. Como que nos desimportamos?

Tínhamos em comum a elegância do escuro: você foi gago e tímido, eu fui excluído e de língua presa. Havia a mesma vingança em nosso sangue, o mesmo monstro da insatisfação.

Quando nos tornamos secundários? Quando desistimos de mandar qualquer e-mail ou falar qualquer coisa para o tempo se acumular em indiferença? Quando abandonamos a banalidade pela conversa séria que nunca aconteceu? Quando, em que momento?

Íamos na Cidade Baixa trocando confidências de bar em bar, lembra? Aliás, nunca encontrei um rival alcoólico como você, que bebesse tanto uísque mantendo a sobriedade da fala.

Nossas histórias se completavam. Abríamos as fechaduras dos livros com clipes, guris inventando futebol com restos da rua, guris inventando facas com copos quebrados, guris inventando os seus amores de palavras quebradas.

Fizemos loucuras e, principalmente, recuperamos a normalidade lado a lado.

Você me ensinou a aceitar os arranhões no carro. "Carro é para usar, não para guardar." Assumi os riscos na lataria e cansei de me consertar, lembra?

Você tinha a mania de esquecer o celular nos restaurantes e nas aulas. Sempre extraviava. Não havia como descobrir se chegou bem em casa na manhã seguinte, algum estranho atendia o seu aparelho, lembra?

Por que não lembra de me lembrar?

Onde colocamos as nossas afinidades? O que houve? Onde foi parar a nossa amizade honesta?

Será que somos amigos de uma fase, e não somos cúmplices de toda a vida? Será que me enganei? O que era para ter sido já foi, e agora seremos conhecidos, e não mais que isso?

Prossigo lendo seus romances e poemas — a minha derradeira maneira de insistir com a nossa longevidade. Prossigo por aqui na mesa dos versos e nos rótulos de mosquitos das lâmpadas.

A verdade sempre foi um surto para nós. Um susto para nós. Dividíamos o medo de viver.

Tudo bem que amargamos uma distância física que, você passou a morar no Rio de Janeiro e eu permaneci em Porto Alegre, explica parte da lacuna, mas deixamos de nos corresponder em pensamentos, deixamos a saudade e as samambaias morrerem com as viagens.

Você casa e não sei de nada, não me conformo, não aceito, eu precisava ter ido a Três Passos (RS) jogar arroz em sua cabeça, e lhe abraçar demoradamente festejando a escolha de sua esposa.

Eu sentirei falta desse abraço, pois você fica sério, muito sério, quando emocionado. Sua seriedade é engraçada e cresce com a minha implicância. Eu estaria cochichando declarações lânguidas de lealdade e você mexeria a cabeça concordando, sem demonstrar nenhuma reação externa. É assim você: um grandalhão disfarçando as hemorragias internas, um brutamontes de terno fingindo que não é um skatista.

Você não me engana, você é um homem de família, você até hoje pede a bênção para os velhos pais quando vai visitá-los.

Eu continuo lhe amando, desajeitadamente, mesmo sendo penetra em sua felicidade.

PARENTE E FAMÍLIA

Sempre me emociono quando reparo o quanto filhos adotivos passam a se parecer com os seus responsáveis. Ninguém diz que foram adotados: o mesmo olhar, o mesmo andar, a mesma forma de soletrar a respiração. Há um DNA da ternura mais intenso do que o próprio DNA. Os traços mudam conforme o amor a uma voz ou de acordo com o aconchego de um abraço.

Não subestimo a força da convivência. Família é feita de presença mais do que de registro. Há pais ausentes que nunca serão pais, há padrastos atentos que sempre serão pais.

Não existem pai e mãe por decreto, representam conquistas sucessivas. Não existem pai e mãe vitalícios. A paternidade e a maternidade significam favoritismo, só que não se ganha uma partida por antecipação. É preciso jogar dia por dia, rodada por rodada. Já perdi os meus filhos por distração, já os reconquistei por insistência e esforço.

Família é uma coisa, ser parente é outra. Identifico uma diferença fundamental. Amigos podem ser mais irmãos do que os irmãos ou mais mães do que as mães.

Família vem de laços espirituais; parente se caracteriza por laços sanguíneos. As pessoas que mais amo no decorrer da minha existência formarão a minha família, mesmo que não tenham nada a ver com o meu sobrenome.

Família é chegada, não origem. Família se descobre na velhice, não no berço. Família é afinidade, não determinação biológica. Família é quem ficou ao lado nas dificuldades enquanto a maioria desapareceu. Família é uma turma de sobreviventes, de eleitos, que enfrentam o mundo em nossa trincheira e jamais mudam de lado.

Já parentes são fatalidades, um lance de sorte ou azar. Nascemos tão somente ao lado deles, que têm a chance natural de se tornarem família, mas nem todos aproveitam.

Árvore genealógica é o início do ciclo, jamais o seu apogeu. Importante também pousar, frequentar os galhos, cuidar das folhagens, abastecer as raízes: trabalho feito pelas aves genealógicas de nossas vidas, os nossos verdadeiros familiares e cúmplices de segredos e desafios.

Dividir o teto não garante proximidade, o que assegura a afeição é dividir o destino.

AMIZADE 8 PLUS

Meu amigo fingiu que saiu a beber comigo, mas passou toda a noite discutindo com a namorada no WhatsApp.

Combinamos que colocaríamos a conversa em dia, nada da companhia de nossas mulheres, pois dependíamos de um pouco de privacidade para reprisar as vidas e os últimos acontecimentos.

Sentamos numa mesa à janela para comentar o vaivém da rua. Quando pedimos a primeira rodada de chope, o celular dele apitou e ele se distraiu para o brinde.

Ele me acalmou — "Só um minutinho" — e foi responder a mensagem da namorada. Achei que era, a princípio, para dizer que chegou bem, informar o paradeiro e não gerar preocupação.

Mas havia um atrito no ar, não entendi direito, o que sei é que ele baixou a cabeça para nunca mais levantar. Nunca mais me olhou nos olhos.

Discutiam, só podiam, já que escrevia rápido e as mensagens se desdobravam em parágrafos.

E eu bebendo sozinho, observando aquele entrevero digital sem fim. E eu levantando as sobrancelhas ao infinitivo das outras mesas. E eu, carente, puxando papo com o garçom sobre o movimento da semana. E eu indo e voltando do banheiro e ele nem reparava no meu sumiço.

Às vezes, ele soltava uma pergunta messiânica para a montanha — "E aí, como você está?" —, e logo se debruçava novamente ao aparelho, antes do eco de minha resposta.

O amigo seguiu viciado no aplicativo, aguardando que ela terminasse de digitar, enlouquecido no joguinho do amor, no entretenimento de ter razão.

Após entornar cinco chopes, pedi a conta. Ele concordou rapidamente, avisou que precisava mesmo se encontrar com a namorada.

Eu gargalhei, pois o que ele fez foi se encontrar com ela me usando como cúmplice. Na verdade, faltou ao encontro comigo. O que era virtual era real, e o que era real era virtual. Não segurei vela, segurei um extintor de incêndio para o casal.

Irônica acabou sendo a nossa despedida. Ele me abraçou forte, bateu em minhas costas e elogiou a nossa saída:

— Temos que fazer mais dessas!

Eu apenas concluí com os meus botões: jamais.

Não dá para sair com amigo que leva celular. Ele deve deixar em casa. Ou colocar num saquinho de pertences na entrada do bar.

Viramos plantas e samambaias das janelas do aparelho.

E não é porque ele brigava por um motivo sério. Mexeria no celular por qualquer coisa. Qualquer que seja o estado afetivo e seu status.

Se ele estivesse apaixonado, trocaria juras de amor com a namorada. Não a abandonaria nem por um minuto.

Descreveria o lugar, mandaria fotos da bebida, desabafaria que gostaria que ela estivesse lá, que morre de saudade, que não vê o momento de voltar, e me esqueceria igual.

Se ele estivesse solteiro, estaria trovando dezenas de pretendentes ao mesmo tempo, rindo das sacanagens, comentando imagens sensuais, marcando pontes para logo adiante, e me esqueceria igual.

Decidi não mais trocar meu iPhone 5 pelo 6, e sim procurar uma versão atualizada da amizade. Será que não encontro uma amizade 8 Plus, mais avançada do que a tecnologia da camaradagem que anda por aí?

COMO UMA NOTA DE TRÊS REAIS

Elogio, quando sempre, vira bajulação. Ternura, quando excedida, vira cinismo. Concordância, quando constante, vira sarcasmo. Aceitação, quando submissa, é indiferença.

Amizade é medida (já o amor é perder a medida).

Percebo quem é falso pela ânsia de agradar a qualquer custo. É um torturador pelo afago. Alegria se transforma em histeria; a espontaneidade, em afetação.

Não é um contato natural, mas uma negociação: a impressão é de que o outro, que não para de me reverenciar, está vendendo algo que não sei, algo que não estou vendo. É muita simpatia para nada. É muita camaradagem gratuita. É esnobar com uma nota de R$ 3.

Mantenho um pé atrás com quem é abusivamente açucarado. Evito quem é dado ao léu, antes mesmo de estabelecer intimidade. Gritinhos no "oi" apressam o meu adeus. Diminutivos esgotam a minha paciência.

Quem se aproxima querido demais falará mal de mim pelas costas. A traição está insinuada na atração artificial.

Não tenho dúvida. Acúmulo de gentileza é véspera de maldade, de oportunismo, próprio daquele que pretende enganar. Desconfio de quem chega com mimimi, só exaltando as minhas virtudes, concordando com os meus comentários. É característica de personalidade maquiavélica, porque me faz relaxar, confessar as dificuldades e abrir a guarda para tirar vantagem.

Não levo a sério quem carrega nos adjetivos, superfatura nas exclamações, endeusa nos cumprimentos. Amigo que se gosta vive se provocando. O que adula é um inimigo disfarçado.

Hipocrisia vem do exagero do perfume. O tipo busca dissimular a carência de banho com borrifadas, procura abafar a maldade e a inveja com o comportamento contrário.

Temo mais a chuva de confetes do que os relâmpagos e dilúvios.

A afetação me põe ressabiado. Não aturo a fala dublada — a impressão é de que falta a opção do áudio original. Parece que a voz vem de um ventríloquo. Parece uma tia chata interpretando as vontades de um bebê.

A pessoa se comunica miando, ganindo, arrastando as vogais. Força empatia, ri sem nenhuma piada, é solene sem necessidade.

Gente falsa é o mesmo que conversar com alguém fingindo o orgasmo em todo momento. Não tem como acreditar que algum dia será para valer.

Autenticidade implica alternância e até um certo mau humor. Prefiro o ferrão ao mel.

O PODER DO SACRIFÍCIO

Sempre há os presentes que vêm com a culpa.

Um sacrifício para consertar as falhas.

Pela renúncia, reconhecemos se o outro está pesaroso ou não, se as desculpas são realmente sinceras.

Quem não oferece nada em troca não está disposto a se retratar e cometerá a reincidência.

Não é apenas lamentar o que aconteceu, mas corrigir com uma ação. Doar o mais nobre de si para reequilibrar a perda.

O aprendizado veio da infância.

Movido pela curiosidade insaciável, meu irmão Rodrigo desejou inspecionar o funcionamento do cuco. Aguardou o passarinho sair de sua casinha ao meio-dia para ver como ele estava colado.

Só que puxou forte a ave de madeira, a ponto de ficar com ela em sua mão, e o trampolim retornou vazio para dentro do relógio.

Bateu uma mímica, desespero mudo, pura sucção das palavras. Ele me encarou com medo, perguntando em silêncio: — E agora?

Eu estiquei os olhos como se fosse uma boca gritando. Tampouco reconhecia uma saída. A peça era herança de nosso avô, já falecido, e desfrutava honras de altar.

Para agravar a situação, ele esfacelou o cuco. Quebrou a figura frágil das nossas badaladas. Não havia como simplesmente pôr de volta.

Precisávamos descobrir uma saída em doze horas, quando o cuco cumpriria seu expediente de canto.

Almoçamos constrangidos e nos reunimos no porão para definir o conserto.

Eu distrairia a mãe enquanto o Rodrigo carregaria a escada e acharia um modo de arrumar o estrago.

Como? Ele teve uma ideia, seria surpresa, me disse, estava disposto a me poupar do sofrimento, veria à meia-noite.

Na hora do cuco abrir a porta, veio um playmobil em seu lugar. O boneco bombeiro, de máscara e mangueira. O som dublado tornava sua posição ainda mais engraçada e patética.

Eu quase morri rindo. Não represei as cócegas e os coices do pulmão. Minha gargalhada despertou a mãe, que terminou descobrindo a malandragem.

Pegou o Rodrigo pelas orelhas e perdemos o contato com o irmão durante semanas. Preso na solitária do beliche, sem mesada, proibido de conversar, comprar selos no mercado, passear e jogar futebol.

A mãe não aprofundou o entendimento. Não foi justa. Não estudou a natureza do erro.

Rodrigo escolheu seu melhor brinquedo, seu bonequinho favorito, para substituir o cuco. Poderia pegar qualquer um menos importante. Mostrou-se desolado com a desobediência e buscou o que mais gostava no quarto.

É uma sutileza que faz a maior diferença. Dependendo do que se é alcançado e feito, prova-se a pureza do arrependimento.

Rodrigo merecia o perdão. Jamais contei com uma chance para interceder a seu favor.

BANALIDADES ETERNAS

Você esqueceu o tamanho de sua vida? Largue o Facebook e sua linha do tempo. Apague o celular e o laptop, desligue-se da virtualidade e das imagens editadas e com filtro.

Precisa do brilho da poeira voando, da companhia dos ácaros e das traças. A alergia é prova do retorno ao passado. O espirro é o nosso túnel do tempo.

Vá até a garagem ou o quartinho ou o alto de um armário ou debaixo de sua cama, onde esconde as tralhas de seu passado físico. O passado de papel e de objetos, o passado de fotos, canetas coloridas e medalhas de latão. Tem que enfrentar o trabalho de abrir caixas fechadas, romper a fita adesiva com estilete e lamentar o elástico das pastas estourando.

Mexa nos cadernos da escola, acompanhe a mudança de sua letra, o quanto era caprichada no Ensino Fundamental e ganhou contornos de euforia, rebeldia e pressa. Começou emendada e submissa, em seguida vira separada e caixa alta, sem respeitar mais nada, nem pai, nem mãe, muito menos vírgula.

Duvido que não se emocione. Soltará uma gargalhada de saudade ao reencontrar o rabisco de algum colega no forro da capa dura. Como existia valor naqueles recados de amizade eterna vencendo o nosso tédio nos dois períodos de matemática na segunda-feira de manhã! Ninguém merecia despertar fazendo cálculos. Lembrará que já foi muito amado. Lembrará as provas difíceis que enfrentou afixando fórmulas pelas paredes do quarto. Achará guardanapos de bares, figurinhas avulsas de álbuns, letras de canções em inglês traduzidas grosseiramente e sinopses de filmes. Observará o mundo em miniatura com atenção extrema, respirando devagar, buscando reconstituir o tempo de suas escolhas e o ineditismo de suas descobertas. Vários rostos dedilhados serão novamente atuais.

Concluirá, estranhamente, que nenhuma lembrança morre na data em que aconteceu. Emocionado, quase chorando, não se contém de vergonha e se repreende em voz alta: — Era o que faltava, virar poeta depois de velho.

Do fundo das caixinhas de CDs e fitas cassetes, puxará um envelope perfumado com uma carta de amor. Escrita por namorada da escola, no instante em que ela rompe o namoro de dois anos.

— Por que você conservou esta tristeza? — pergunta a si mesmo. E logo responde: — Para rir dos próprios dramas, só pode ser.

Você jurava que morreria, que se mataria, que nunca amaria de novo naquela época. E sobreviveu e recuperou o coração e amou tantas e tantas outras vezes.

É bom testemunhar as suas promessas sendo quebradas, as suas opiniões mudando, os gostos se transformando radicalmente, que nada é definitivo e tudo é eterno.

Não perceberá que está há mais de quatro horas sentado no chão e revirando coisas antigas. Não viu o tempo passar. A gente nunca vê o tempo passar. Mas é ele que nos olha e nos guarda.

NÃO DEIXE DE IR

Vejo o enterro como uma majestosa sessão de cinema.

Cada um que entra no velório é um derradeiro espectador de uma vida.

De uma vida que não irá se repetir.

Manteremos o respeito dos trajes negros e dos gestos comedidos para homenagear um idioma que se extingue, um jeito de falar que desaparece, um modo de amar que some do convívio.

Não há como não ser inesquecível. O cenário nos remete às salas antigas de exibição: o tapete vermelho e as cadeiras ao redor do caixão. É sentar e lembrar as principais cenas de uma longa trajetória.

Não se nasce impunemente, assim como não se deve morrer no esquecimento.

A despedida não traz apenas tristeza, mas uma confusão de sentimentos envolvida no olhar profundo. Saímos da pressa do presente, ausentamo-nos das obrigações e dos compromissos para eternizar o que o outro representou em nosso passado.

O ritmo lento da recordação encharca os olhos. Não é mais o rosto que carrega a lágrima, é a lágrima que carrega o rosto.

A música composta de soluços, cumprimentos e sussurros ao fundo lembrará o piano dos filmes mudos. O batimento cardíaco é o nosso pianista.

Não há superfície que nos separe da sensibilidade das coisas. Não há pele nas palavras. Não há proteção para os ouvidos.

Ficaremos leves repetindo incessantemente os pêsames.

Apesar da dor, não podemos desperdiçar o momento, não podemos renunciar à chance de falar o que sabemos e abraçar os espectadores. É acrescentar um capítulo inédito ao romance.

Não importa quem conheceu mais ou menos o falecido, quem era mais próximo ou mais distante. O fim torna qualquer um íntimo. Todos têm o ingresso para a saudade.

Trata-se de um momento fundamental, o de montar o copião de uma biografia.

Ouvir as histórias alheias e dar-se conta de que não conhecíamos tudo.

Descobriremos um novo lado, uma nova personalidade daquele que partiu.

Talvez desvendar que um homem sério também era divertido, que uma mulher introspectiva também era apaixonada.

Filhos ganham versões diferentes dos pais, esposas têm a surpresa das palavras ditas aos amigos, maridos recebem recordações antes do namoro.

Os mistérios serão solucionados, os passatempos serão denunciados, os traumas serão desfeitos.

Os familiares emendarão, em ordem cronológica, foto grama por fotograma da infância, da adolescência, da maturidade e da velhice de seu parente findo.

As festas de aniversário de uma pessoa estarão reunidas numa só celebração.

O enterro é uma ilha de edição, onde se juntam fragmentos dos contemporâneos, relatos de interessados, causos dos colegas, com o propósito de resumir e entender o significado de uma alma.

Não deixe de se despedir de um amigo. Será a última e, ao mesmo tempo, a primeira vez que assistirá a uma vida por inteiro.

OLHO O TEMPO DENTRO DE CASA ANTES DE SAIR PARA A RUA

Além da previsão do tempo, valorizo o estado meteorológico de quem convivo. Reparo primeiro nas tempestades nervosas e no sol das paixões ao meu lado

O domingo pode vir banhado de luz, mas a mulher despertar tomada das nuvens negras da melancolia. Não sou idiota de convidá-la para o zoológico, jardim botânico, parque. O que ela mais anseia é ficar quietinha. Talvez aceite um cinema no finzinho de tarde, de preferência um filme discreto, sem muito alarde comercial, argentino ou francês.

Já noto pelo tom de voz que ela está chuvosa. Não forço contentamento. Seu bom-dia é educado e seco, evitando beijos. Assim como não oferece os dois lados do rosto durante os primeiros olhares — ora me encara pela sua esquerda, ora pela direita, de modo alternado. Seus cabelos não brilham tanto e não há pressa para levantar e apressar qualquer coisa.

Tenho condições de antever seu estado de espírito ainda pela firmeza abrupta que mexe no controle remoto da televisão (irritada) ou pela cadência harmoniosa de seus passos (focada) ou pela maneira suave que abre e fecha a porta (esperançosa) ou por um aumento repentino de "s" no sotaque (eufórica).

A meteorologia mental é infalível. O "tudo bem?" acaba sendo uma formalidade. Vejo pelos filhos o quanto estão nublados pela ansiedade do pé esquerdo, ou quando reencontram o poente e a risada de arco-íris no momento em que relaxam as sobrancelhas.

Vou criando um repertório de sinais e fixando padrões de comportamento, para antecipar tornados e prever ciclones. Instalo a minha estação meteorológica no sofá da sala e aguardo as oscilações faciais.

Nunca me fio pelas janelas. O dia será decidido mais pela clareza do humor da família do que pela claridade lá fora.

A SOLIDARIEDADE COM A TRISTEZA DO OUTRO

Ceder é transcender.

Não tenho mais nenhum interesse na vida de mandar no relacionamento: eu me respeito e respeito o outro.

Não planejo nada além de dois dias. Trata-se de um prazo razoável. Porque nunca sei das inconstâncias de meu humor e o de minha mulher e de meus filhos.

Não faço mais arrastão, aquilo de marcar uma saída e não aceitar qualquer mudança de plano.

A onipotência (a ânsia de controlar a tudo e a todos) é um risco altíssimo para o casal. Sou mais de acordar com calma e ver como estão as coisas.

Desagradável é a disputa de poder no final de semana. Agendar um passeio e descobrir na hora de se arrumar que a mulher não está mais a fim. Ou porque sofre de enxaqueca ou não dormiu bem ou resta trabalho inacabado, motivos que não existiam antes da promessa.

O que pode acontecer?

Primeira hipótese: você teimar em manter o compromisso e chantagear a esposa para acompanhá-lo pelo simples argumento de que já estava combinado há tempo. Ela poderá ir, absolutamente contrariada, e passará o passeio inteiro com a cara emburrada, desprovida de qualquer vontade de sorrir.

Assim como você comprou briga para sair, agora comprará nova refrega, já que ela não se encontra do modo como imaginou. Não parece nem um pouco disposta.

Ficará furioso que ela não colabora, não ajuda, não se esforça para tornar agradável. Mas ela já havia dito que não tinha nenhuma vontade, você que não foi compreensivo. Não há como funcionar. O que deseja é praticamente o impossível, que a felicidade seja um feitiço e acenda a luz dos olhos dela com uma salva de palmas. A alegria jamais será obrigação, e sim estado de espírito.

Não é que ela não quer ser feliz, não conta com inspiração para ser feliz. Felicidade é contexto, atmosfera, disposição. Não adiantou seguir com o roteiro. Discutirão sem parar, apesar do sol e da comida maravilhosa do restaurante.

Segunda hipótese: também pode colocar tudo a perder permanecendo em casa como provocação. Desmarca, finge que aceita o desânimo dela, porém emburrece e faz qualquer movimento de mau humor. Não acolhe o impedimento como natural, seu interesse é boicotar as mínimas atitudes dali por diante e mostrar que ela estragou o seu final de semana.

Aponta o egoísmo da tristeza dela e não percebe que o seu contentamento ainda é mais egoísta.

Não custa mudar de opinião e oferecer um voto de confiança. Entender que a nossa companhia não vem partilhando da mesma frequência. Representa um momento, não é para sempre.

Forçar o entusiasmo provocará apenas culpa.

Aproveite a folga para ler, ver filme, conversar com os amigos.

Milagrosamente é somente sair de perto, dar espaço para a solidão, não pressionar, que ela virá depois disposta a passear.

Quem cede sempre é recompensado com amor.

A desobrigação gera a escolha. A escolha é liberdade.

HIDRATAÇÃO PELAS PALAVRAS

Relacionamento se faz no detalhe, na pronúncia, no modo como nos comportamos longe das datas festivas e das folgas dos finais de semana. Ou se tem uma rotina apaixonada ou se é levado pela agressividade. Não identificamos o quanto perdemos inúmeras chances de delicadeza ao longo do dia. Desperdiçamos a gentileza com quem amamos.

Parece que a educação deve ser usada para os estranhos; aquele que está ao nosso lado é obrigado a aguentar grosseria, irritação, azedume, maus-tratos.

Entramos no jogo de compensações: quando tristes, maltratamos; quando felizes, festejamos, e não enxergamos problema nenhum nesta alternância.

É preciso criar um mínimo civilizacional, ainda que nos dias mais trágicos, para não ferirmos os próximos e não destruirmos os laços com as nossas mágoas. Se seguirmos os nossos impulsos, seremos bichos. Morderemos e atacaremos com as palavras.

Ninguém desperta de bom humor (trata-se de uma lenda), o que existe é um redobrado exercício de concentração para sorrir de manhã cedo. A docilidade é uma ardilosa construção psicológica e temperamental. Maquiamos o caráter para conviver.

Generosidade, portanto, consiste em atenção lapidada, em refinada vigilância, em não ser tomado pelo impulso egoísta de que o outro tem a obrigação de nos servir e nos entender.

Só é acabar a água na geladeira que já podemos antever o temperamento de cada um na relação. É uma frase inofensiva que traduz uma gama variada de sentimentos. Por uma declaração banal e singela, já antevemos se a pessoa pretende discutir, agredir ou nos confortar.

— Você me deixou sem água? (autoritário)

— Nem água tem nesta casa! (apocalíptico)

— Esqueceu de comprar água? (acusatório)

— Esqueci de comprar água! (culpado)

— Temos que comprar água! (solidário)

— Você não presta atenção em nada! (oportunista)

— Acabou a água, vou sair para comprar! (engajado)

— Você deseja que eu morra de sede? (filial)

— Cadê a água? (curto e grosso)

— Não temos mais dinheiro para comprar água? (inseguro)

— Vamos beber água da torneira por enquanto. (conformado)

— Farei uma lista de supermercado para não esquecermos nada. (compreensivo)

Quando acabar a água, cuide também para não acabar o amor.

MANIA DE DISCUTIR PELO MOTIVO ERRADO

Não assumimos a real natureza do descontentamento.

Procuramos disfarçar o motivo da reclamação, o que confunde quem está ao nosso lado.

Não ensinamos o que não gostamos. Não nos mostramos óbvios, diretos e acessíveis.

É ficar magoado por uma situação e encontrar uma próxima para procurar briga.

É não dizer na hora o que dói e achar pretextos absolutamente desconexos e posteriores com o que gerou a raiva.

A escola da dissimulação é estabelecida na infância, quando não revelamos as nossas molecagens, fugimos dos castigos, transferimos a culpa para os irmãos e colegas.

Somos educados a trancar as vontades e despistar os desejos.

Camuflamos, omitimos, nos envergonhamos de estar sentindo algo e procuramos enobrecer com outras justificativas.

A maior parte das brigas é por algo que não foi contado, por isso nunca são resolvidas.

Se me bate ciúme da mulher porque ela voltou tarde de uma saída com as amigas, por exemplo, sou capaz de jamais tocar no assunto. Pelo contrário, apresento-me independente e bem resolvido e até inspiro que ela repita os encontros. Mas depois comprarei uma discussão boba pela bagunça do nosso quarto.

Assim não sou honesto com a irritação. Transferi o que me perturbava para um cenário diferente, sem nenhuma correspondência com o verdadeiro.

A esposa me entende distorcido: vê que sou extremamente chato com a arrumação da casa, e não que sou ciumento.

Há uma deslealdade ingênua em curso, involuntária e automática, que trará sérias dificuldades de comunicação.

A mulher enxerga a ansiedade do ciúme, porém as minhas palavras dizem o oposto. Como me encabulo da insegurança amorosa, não comento o que me enervou, e vou catando conflitos falsos para explodir e desabafar.

Ela me interpreta errado, pois transmiti a mensagem errada.

Ao esconder a origem da minha angústia, é certo que brigaremos mais vezes.

O que explica o quanto casais estouram do nada em restaurantes, em passeios, em bares. Ninguém compreenderá o estopim da guerra. A motivação parece sempre absurda (falar de boca cheia, rir demais).

Só que o nada não é nada. O nada é um desconforto atrasado, um pequeno ressentimento que não foi desfeito no flagrante.

A gota d'água costuma vir de uma torneira diferente daquela que encheu o copo.

QUANDO A MULHER SE CALA E O HOMEM FALA POR ELA

Quando a mulher fala pelo casal, a relação vai bem. Quando o homem fala pelo casal, a relação vai mal.

Repare, é assustador: o silêncio da mulher é insatisfação; o do homem, contentamento. O silêncio da mulher é repressão; o do homem, aprovação. O silêncio da mulher é angústia; o do homem, recompensa.

Quando os dois estão entre amigos, se o homem não fala e escuta atentamente, está concordando. Se o homem é que fala e a mulher mergulha na mudez, é que está prestes a explodir de raiva.

Homem passivo e mulher dominante são sinais de bem-estar. Homem dominante e mulher passiva são agouros de briga.

A mulher é a porta-voz da felicidade da vida a dois — pois sempre arranca na frente para antecipar as novidades e projetos. Não se furta a dizer a sua versão dos acontecimentos. A loquacidade representa comprometimento e engajamento no relacionamento: discute, debate, intervém, não deixa por menos. Já o homem matraqueando é a versão da tragédia:

busca disfarçar tudo o que vem acontecendo de errado e fazer com que todos não percebam a indisposição feminina.

Homem alegre é plateia. Aplaude, ri, meneia a cabeça enquanto testemunha a sua esposa descrever as principais histórias e causos do seu cotidiano. Não sente necessidade de se contrapor à narração, até se vangloria das legendas. Quando entra sozinho no palco, é que fará um monólogo fingido: no fundo, distrai os outros de sua diva contrariada.

Mulher jamais é espectadora, somente se cala em nome da fúria, ciúme ou ressentimento. Não consegue nem mais reclamar. Prende a língua, trinca os dentes, já que se vê numa situação-limite: engatilhada a disparar sarcasmo e ironia a troco de nada, capaz de devolver o mero cumprimento com uma pergunta. Mostra-se educada a ponto de ser lacônica, não quer mentir e se controla.

Não desejava participar daquele momento hipócrita: pretendia resolver tudo antes em casa para depois sair (não é como o homem, que sai para resolver o que não foi compreendido em casa). Sua leveza depende da segurança emocional.

Para ter vontade de se expressar é que se encontra possessa, engasgada, de olhar baixo. Desistiu da esperança do humor. Admite ser dublada porque a sua cabeça e — principalmente — o coração se escondem longe dali.

VULCÃO BRANCO

Era o responsável por vigiar o leite fervendo.

Antes da escola, precisava me concentrar longos minutos na superfície da leiteira.

Não havia micro-ondas. Restava-nos a paciência para controlar a chama miúda e constante. O leite vinha em saquinhos e já perdíamos parte dele na hora de abrir com a faca.

A dificuldade hipnótica da tarefa é que prestava atenção durante quase todo o processo, só que bastava olhar para o lado um instante e o leite fervia, transbordava e sujava o fogão inteiro. Por mais que procurasse me fixar no fim, eu errava o momento exato de girar o botão e apagar o vulcão branco. Tinha que limpar o estrago detalhadamente com o lado amarelo da esponja ("cuidado para não arranhar!"). O leite coalhava e terminava imprestável, obrigando-me a repetir o fracasso.

Ainda quando esquento o leite, sofro do trauma de me distrair do ponto. É um complexo simbólico, já que disponho de tecnologia doméstica para aquecer de novos jeitos.

A lembrança malfadada da infância é a tradução perfeita dos namoros contemporâneos. Assim como extraviava a fervura não querendo perder tempo com uma só coisa, não nos centramos no romance que estamos dentro. Há sempre vidas paralelas nas redes sociais: um flerte suave que pode virar namoro mais adiante ou uma amizade que segue perigosamente íntima.

Os contatos são investimentos no caso da relação atual explodir. Ninguém está completamente solteiro quando fica solteiro, ninguém sai com as mãos abanando, mas desfruta de créditos virtuais e pretendentes cultivados secretamente. Existe o costume de alpistar os corvos antes mesmo de ter um corpo morto.

Olhe em sua caixa de mensagens, você que está comprometido ou comprometida, e verifique se não tem alguém claramente interessado na ruptura de seu status. Não minta.

Quando negamos a total exclusividade, voamos para outros lugares que não os nossos laços do presente, desperdiçamos energia e palavras com atrações imaginárias: é assim que o leite ferve e a realidade do amor renuncia a sua graça e o seu sabor.

PERGUNTAR OFENDE AS MULHERES

Se você fala que deseja transar hoje, ela diz que acabou a espontaneidade. Pode aguentar a abstinência.

Se você fala que mandará um buquê de flores, ela volta a dizer que agora sabe e não tem graça. Pode suspender a entrega.

Se você fala que chegou o momento de comprar alianças e pede para medir o dedo, ela ficará ofendida com sua falta de criatividade.

Assim, você dará rosas quando ela ama gérberas, errará o número da roupa, do sapato, da lingerie e ainda passará a imagem de desatento e relapso.

Porque é um crime perguntar. Perguntar ofende as mulheres.

Ao avisar o que você gostaria que acontecesse, a mulher entende como o fim do mistério e não aceitará nada que seja declarado.

Tudo deve ser segredo para gerar suspense. Para provar o quanto compreende silenciosamente sua companhia, sem dar sinais e bandeira.

Você tem a obrigação de antecipá-la, ser um profeta dos desejos femininos, um telepata de suas fantasias.

Mas este é o principal erro de convivência perpetuado pela cegueira da paixão.

Não devemos abrir os olhos para beijar, porém abrir os olhos para ver quem estamos beijando.

Como vai conhecer alguém se tem que sempre adivinhar?

Como vai conhecer alguém se não pode questionar ou expor os caminhos de seu raciocínio?

Sem a didática, os dois irão se amar sem conhecer o que realmente são.

É confundir desinformação com intimidade.

Um antecipará o outro e jamais demonstrarão como funcionam.

Supervalorizamos as surpresas e desprezamos que o outro explique aquilo que aprecia de verdade.

O encantamento pede um preço altíssimo: fomenta distorções, alimenta frustrações, acalenta incompreensões de parte a parte.

Como se falar antes o que fará estragasse a vida. E não estraga. Só aumenta a clareza e a importância de ser entendido.

Dizer não é terminar, é dar início, é improvisar com as consequências.

Dizer é se comprometer, é assumir uma vontade, é se responsabilizar pela alegria do roteiro, disposto a dar certo e não ser invasivo. É se dedicar para aprender um passado diferente do seu.

O jogo de adivinhações apenas atrapalha. Pois estaremos mostrando o quanto já somos maravilhosos de antemão, em vez de se maravilhar com o que estamos aprendendo.

A prevenção é cuidado, não destrói o clima.

É preciso, no amor, ser mais literal do que literário.

É comentar o que se pretende, o que amaria receber, o que anseia desde antes.

Perdemos muito tempo tentando descobrir o que o nosso par pensa quando resolveríamos rapidamente o tormento perguntando.

Facilitar é amar. Complicar é torturar.

SIM, SENHORA!

Quando uma mulher chora numa briga, e sempre chora primeiro, parece que já vem chorando, parece que já estava chorando antes, a discussão muda de lado e o homem perde a disputa, mesmo que tenha razão, mesmo que a justiça esteja a seu favor.

A gangorra pende para o lado mais fraco do momento. Ele será obrigado a abandonar seus argumentos e oferecer colo, será condicionado a descer o tom de voz e abraçar e confortar e buscar conter a choradeira com palavras de ânimo.

Já é complicado xingar uma mulher, xingar uma mulher chorando é impossível. Chorar é pôr óculos para a alma enxergar. Toda agressão verbal pós-choro é covardia.

Mas a mulher encontrou a proeza de ganhar discussões de relacionamento também no telefone, no momento em que as lágrimas são virtuais.

Sem a vantagem dos olhos nos olhos, ela cavou um truque invencível à distância.

É sua mania de bater o telefone na cara.

Você está explicando o motivo de sua irritação, ela fica ofendida com uma frase e desliga sem piedade.

Você, no começo, acredita que foi problema na telefonia ou de bateria, não percebeu que significou o fim consciente da linha, e retorna a ligação desesperadamente, até cansar a luz da tela do celular.

Necas de atender.

Feito o inferno. Qualquer homem perderá a paciência. É insuportável receber um corte de repente, é como suspender o microfone no meio de um discurso para cem mil pessoas.

É uma falta de educação que enerva. Quebra as palavras ao meio, desmonta o pique da argumentação.

Depois é custoso recuperar o fôlego e o ritmo emocional da conversa. Será condenado a reiniciar o Windows do pensamento, desculpando-se para poder falar, suplicando agora pela possibilidade de ser ouvido.

Ela desliga na sua cara e você que precisa recuperar o direito de se explicar. Na segunda tentativa, estará em desvantagem, apesar da grosseria feita por ela. O pedido de perdão por machucá-la é um pré-requisito para refazer a negociação.

Trata-se de uma manobra espirituosa formidável, uma virada de mesa, de jogo, de campo de batalha.

As mulheres aprenderam com o sadismo das operadoras, repetindo o blecaute quando o cliente está por finalizar a reclamação, após uma hora pulando de ramal a ramal, suportando musiquinha de fundo e confirmando informações de segurança.

Bater boca com sua mulher no celular é como tentar convencer um serviço de telemarketing: não tem chance, esquece.

A arte feminina é napoleônica. Uma lenta tortura.

Ao desligar o telefone na cara, ela assume o comando da ação. Diante de sua insistência em retomar o contato, demorará a atender de propósito, com o objetivo de gerar o pânico. O homem já é ansioso por natureza para resolver a história, pois não gosta de discutir e não gostaria de desperdiçar mais tempo discutindo. Ela passa a tirar proveito da angústia da objetividade masculina, da pressa da linearidade masculina. Jamais permite que ele termine seu raciocínio ou possa se retratar.

O sujeito vai rechear de manteiga o pão que o diabo amassou. Mandará uma corrente persuasiva de SMS, WhatsApp e e-mails, de modo alternado e constante:

— Atenda, é importante!

— Atenda, é urgente!

— Atenda, pelo amor de Deus!

Como o homem não sabe criar curiosidade, ela retornará unicamente no fim da noite. Dirá com violência para ser breve, que não deveria nunca mais lhe ouvir, que está abrindo uma exceção. Você assina o contrato, aceita as condições abusivas e as regras de comportamento (sendo que não fez absolutamente nada).

É abrir a boca que ela desligará de novo na sua cara. Sempre que uma mulher desliga na cara uma vez, desligará mais outras e outras vezes.

O negócio é entender que não se discute com mulher, a saída é dizer "Sim, senhora!" e cuidar o máximo possível para não soar debochado.

CONSTATAÇÕES

Mulher desfruta de larga vantagem na argumentação. Encontra sinônimos para se defender e redirecionar as frases. Espanca o seu namorado com a gramática, esmurra a imobilidade verbal masculina com o dicionário.

Fala tanto que o seu par fica tonto e já não sabe exatamente o que discutiam. São voltas e voltas nas lembranças, reprises e resumos, que ele perde o caminho da conversa.

Mulher é ilusionista dos conceitos, mágica dos eufemismos. Diante do beco sem saída das palavras, termina voando. Enquanto o sujeito caminha, obediente às leis da gravidade, ela alça voo sobre o próprio discurso. Era proibido voar até aquele momento, de repente é permitido e ele que não aproveitou as asas da imaginação.

As regras da retórica mudam a toda hora, não adianta decorar. A lógica é emocional, a coerência é pessoal, não são contendas lineares.

DR para a mulher é equivalente à média harmônica do vestibular: as provas têm pesos diferentes e cálculo secreto.

Quando o homem aponta problemas, ela alega que não aguenta ser criticada. Provoca a maior choradeira, com o pretexto de que ele não para de cobrar e ver defeito em tudo.

A culpa enfraquece a virilidade. O escorpião pede desculpa e se transforma em caranguejo. O homem aprende que não deve reclamar e precisa buscar os pontos positivos do romance.

Mas é sofrer o mesmo que o mesmo não é o mesmo. A lição assimilada não vale mais.

Se ela desfia os erros da relação e o seu parceiro chama a atenção (porque faz o que diz para não fazer), a mulher acha um modo de alterar a natureza da crítica:

— Não é uma crítica, é uma constatação!

Ou seja, ele critica e ela constata, ainda que estejam abordando igual conteúdo. Ela pode destruir o seu parceiro a partir da desculpa de que só vem falando a verdade.

Não resta alternativa. Assim como o sarcástico somente brinca, jamais fala sério, assim como o pessimista não puxa ninguém para baixo, é apenas um realista.

Quando for questionado, entenda que a mulher não está colocando o dedo em sua ferida, porém estancando o sangramento. Agradeça que dá menos trabalho.

A DOÇURA EMBRIAGANTE DA BIRRA

Não quero que a mulher seja equilibrada, constante, que perca suas esquisitices e rompantes, justamente o charme do gênero.

Mulher que não é estranha não é normal.

Fico lisonjeado, por exemplo, quando a mulher fica emburrada comigo.

Sou seguidor do feitiço da birra. É um transbordamento de sensualidade: a boca subitamente incha. Toda mulher emburrada é Angelina Jolie.

Os olhos se concentram, quase vesgos, absurdamente oblíquos, a ponto de faiscarem. Não há olhar mais fatal do que aquele que vem do descontentamento. Ela deseja matá-lo. E sexo é a vontade de matar o outro — graças ao orgasmo perde-se a força antes de consumar o homicídio.

Mulher embirrada é insuportavelmente linda: uma grevista erótica, uma líder sindical por melhores condições do amor.

Deveria se orgulhar como eu. Ela luta pela relação, guerreia pelo seu romance, arma passeata em nome de seus princípios.

A pele brilhará pela raiva, a cintura endurecerá de cólera: iluminada imediatamente pelo desaforo.

Horrível mesmo quando está distraída, desatenta, indiferente, não assim, há uma beleza sublime na respiração ofegante. Devota toda a sua atenção para desafiá-lo, para lhe provocar, para chamar atenção.

Tem a exclusividade dela uma vez na vida.

A birra é monopólio. Quando que terá essa disponibilidade novamente? Aproveite.

Ela é uma modelo-vivo, posando durante um dia inteiro para que aprenda a retratar suas sutilezas. O silêncio barulhento, a ironia atrevida, a contenção dos gestos: tudo é seu, para você.

É um espetáculo vê-la derrubar objetos, não falar nada, passar a toda hora com ares de ofendida, sair sem se despedir, bater forte a porta da casa, queimar pneu na saída da garagem e voltar em seguida porque esqueceu o celular.

É uma maravilha acompanhar a sua teimosia inteligente, não ser atendido ou ser vítima de um telefonema desligado na cara.

É uma tensão saborosa, porém com a certeza do final feliz. É apenas descobrir o momento certo para pedir desculpa e desfazer o mal-estar. Mas é um crime pedir desculpa rápido e extraviar a emoção da cena.

Mulher emburrada é uma carta de amor, envelopada para abrir aos poucos, com jeito, sem rasgar.

O beiço é excesso de paixão. O beiço feminino não é chatice, é uma oportunidade.

O CANSAÇO MASCULINO É AFRODISÍACO

Não se arrisque a dizer que está cansado para a sua mulher de noite. Ela pode estar também demolida que testará o nosso fôlego. Inventará de fazer tudo de repente: sair para festa, assistir a dez episódios de um seriado, conversar sobre a infância, encontrar amigos do casal, jantar degustação com cinco pratos em sequência, romancear até de madrugada.

Não sei o que acontece: mas o cansaço do homem dá um baita tesão na mulher. Ela fica extremamente excitada, alegre, feliz, disposta.

O efeito da palavra é como um energético.

Mulher enlouquece quando vê que seu homem está cansado.

Não entendo se ela pensa que estamos mentindo ou aprontando. Ou quer aproveitar que não ofereceremos resistência para abusar com vontade. Ou cisma em descobrir se ainda a amamos e deseja uma grande prova de nossa paixão. Ou todas as alternativas.

Certo é que não dormirá cedo. Cheia de ternura teimosa, ela vai criar um Porto Alegre em Cena em casa, um Festival de

Cinema de Gramado em casa, uma programação infinita, uma gincana de eventos.

Mas não existe igualdade na regra. Não busque fazer o mesmo quando a mulher diz que está cansada porque realmente estará cansada. Apenas ofereça uma massagem nos pés. Ela não aceitará nenhuma provocação.

SAIR PARA FESTA

Quando nossa mulher está mais linda, não podemos nem chegar perto.

É ela se arrumar para uma festa, absolutamente desconcertante e sensual, que não podemos tocá-la.

É uma contradição: no instante em que ela se produz, perdemos a chance de namorá-la.

O romance é suspenso, estaremos apartados de sua beleza por algumas horas, afastados do templo, expulsos de qualquer chamego.

Uma parede de vidro desce entre o casal. Um biombo baixa entre os corpos.

Podemos enxergá-la, admirar de longe, elogiar e bater palmas, não nos aproximar.

É um divórcio simbólico, sentimental, justamente quando está maravilhosa, nos enchendo de orgulho por sermos os escolhidos de sua vida.

Trata-se de uma Cinderela para os olhos, não para as mãos. Um pavão com alma de porco-espinho, armada para se defender da gente.

Não podemos beijá-la na boca senão vamos borrar o batom.

Não podemos roçar os lábios nas bochechas senão vamos corromper a maquiagem e sujar a roupa.

Não podemos cheirar o pescoço senão levaremos todo o seu perfume.

Não podemos abraçá-la senão vamos amarrotar seu vestido.

Não podemos acariciar seus cabelos senão vamos estragar o penteado.

Não podemos alisar as coxas senão vamos desfiar as meias.

Não podemos andar naturalmente de mãos dadas já que estará de salto. E precisamos cuidar de suas unhas para não fazer nenhum movimento brusco e lascar as pontas.

Viramos amigos no momento de sair para um evento. Repentinamente amigos.

Éramos maridos um pouco antes, sem nenhum receio de envolvimento e tato, e agora os caminhos são inacessíveis.

Estamos impressionados, excitados, seduzidos, loucos para nos agarrar como na primeira vez, girar a chave da boca pelo segredo do coração, mas não existe como, temos que nos controlar e nos prevenir de silêncios, ela demorou o dia inteiro para se vestir e se esmerar, não há como jogar fora a produção e a longa vizinhança do espelho.

Somos cúmplices da beleza. E também vítimas da beleza.

As mulheres não compreendem por que os homens buscam sair da festa mais cedo, o quanto ficam emburrados, embirrados, de canto, mudos e paspalhos, o quanto são estraga-prazeres no melhor dos brindes e das músicas.

Não é ciúme, mas saudade. Não é inveja, mas nostalgia. É o desejo mais banal de ter sua esposa de volta.

Respeito os sentimentos masculinos. Só que, no fim das contas, agimos de modo egoísta e machista. Temos a mulher todo o tempo conosco, e não percebemos que, naquela noite, ela se arrumou para si, para brilhar sozinha, é um momento dela e para ela. Não atrapalhe com sua ansiedade.

FIM DA VÁRZEA

Tenha cuidado ao seduzir dentro da piscina e no mar. Não são os melhores lugares para o flerte. Há um imenso risco de gafes e constrangimentos.

Não brinque de boto e golfinho, talvez encalhe na areia com as barbas de molho do leão-marinho.

O banho traz surpresas desagradáveis. A água mexe com a respiração, com os cabelos, com os olhos. O equivalente a se fechar num liquidificador: entramos tranquilos, convictos de nossa fisionomia, e saímos alterados, pelo avesso. O redemoinho engole as certezas do penteado e a previsão dos traços.

Aquela cena de pular no trampolim e mergulhar virilmente para abordar a pretendente de biquíni sensual do outro lado não costuma terminar bem. Não existe um espelhinho para confirmar a aparência.

De repente, você mexe os cabelos molhados e sorri, pensando que agradou com sua acrobacia aquática, jurando que mostrou sua masculinidade em braçadas enérgicas, cria um olhar fatal, emoldura o peito e não percebe que está com um ranho verde pendendo no nariz. Uma gosma indefinida reivindicando papel higiênico e uma fungada libertadora. Aquilo que cada um chama de um jeito, tamanho o pudor com o inimigo anti-higiênico: a meleca, a titica, a caca, o monco, o ouro.

Ela não sabe como avisá-lo, não desfruta de intimidade para apontar e pedir que limpe. Nenhuma indireta será suficiente para direcionar suas mãos ao local da sujeira. Nenhuma mímica trará a resposta certa do Imagem & Ação.

Você conversa alegremente, convida para uma esticada de tarde num bar e não compreende a careta feminina, o esgar assombrado. Antes, ela parecia absolutamente receptiva. Agora, frente a frente, ela se contorce em repulsa. Não desvendará o problema em tempo hábil, somente depois numa superfície refletida: o tartarugaço meio dentro, meio fora da toca.

É um pouco nojento travar um diálogo nestas condições. Desanima a vontade de beijar e de baixar as defesas de sua candidata. Ela vai desaparecer, sem nenhuma explicação, até encontrá-lo com cara limpa. Reze para que a primeira impressão não cisme em ficar.

Todo mergulho é perigoso pela incerteza do muco. Pode vir à tona quando menos esperar. A sensualidade exige o mínimo de decência. Ou que não esteja gripado.

AGUENTE DECLARAÇÕES DE AMOR SEM GRACINHAS

O sarcasmo destrói a sinceridade.

Já fui vítima e já fui algoz.

O homem, principalmente, tem vergonha de se declarar e vive se escondendo em brincadeiras. Tem vergonha de se emocionar e vive mascarando com piadas os momentos próximos das lágrimas.

É perceber que vai chorar ou umedecer os olhos que ele retira uma ironia do fundo de si para escapar ileso da entrega.

Em vez de retribuir uma delicadeza ou entrar no clima romântico, ele vem com uma grosseria para tentar descontrair.

É tão difícil ser sincero, leva muito tempo para o outro encontrar força para dizer algo importante, não banalize o encontro com a sua desatenção.

É custoso formular o que talvez nunca tenha sido dito para ninguém, não estrague com o deboche.

Sua namorada pode ter atravessado décadas naqueles minutos para entender um sentimento e partilhar uma verdade.

Relembre seus amores platônicos e doloridos da infância: quantas vezes procurou se declarar para uma menina, as frases subiram até a boca e voltaram ao silêncio? Você deseja que sua companhia passe pelo mesmo sofrimento?

Ninguém é covarde sozinho. Somos covardes porque nos deixam sozinhos com as palavras, não somos ajudados a falar o que nos incomoda.

Apoie a coragem de sua namorada.

Devemos economizar e preservar as confissões de amor. Devemos valorizar e inspirar as confissões de amor.

Temos que diferenciar a hora da ironia da hora de falar sério.

Não desestimule a sinceridade com palhaçadas. Drama pede meia-luz, mãos dadas e olhos nos olhos (o gênero comédia romântica é uma mentira — é só romance, colocaram comédia no nome para forçar o namorado a ir ao cinema).

Não dê motivos para que ela desconfie de seu compromisso — é o que acontece quando reage superficialmente diante de conversas mais profundas.

Fique quieto, parado, ouvindo, sei que você se enxergará emparedado, encurralado, assustado com a queda repentina de testosterona no corpo, pronto para abrir a porta do riso e sair correndo, mas segure a respiração e suporte escutar que você é a pessoa mais importante de alguém, sem baixar a cabeça, sem buscar refúgio no celular, sem nenhuma gracinha.

Serão juras que salvarão o relacionamento quando estiver em crise.

BONECO INFLÁVEL

Se o homem te ama não mudará o rosto depois do sexo. Não mudará de atitude.

Não ficará com vontade de fugir da cama, não se sentirá incomodado pela intimidade e pressionado pela madrugada, não se lembrará de nenhum compromisso da manhã seguinte, não sairá da cama à caça das roupas e do celular.

Se o homem te ama, ele é igual antes e depois do sexo. Exatamente igual. Não usará da educação para se distanciar. Não formulará nenhuma pergunta sobre o tempo. Não escolherá as palavras mais neutras. Poderá convidá-la para tomar um banho junto ou comer algo na cozinha (quer melhor cena do que o casal apaixonado rindo e cozinhando pelado?). Certo é que não arredará o pé dali sozinho, sob hipótese alguma.

Já quando procura somente sexo, são visíveis os sinais. É como um despertar de transe, de uma hipnose. Ele tem a língua cortada pelo fim do prazer. Não difere muito de um boneco inflável, inflado de poder e potência na véspera, esvaziado e culpado após o orgasmo.

As mulheres não dependem de nenhuma astúcia para resolver a charada. Basta comparar quem começou a transa e aquele que restou no quarto.

Como que o sujeito passional, pedindo tudo para ontem, com ânsia de tirar seu sutiã, soprando safadezas sem precedentes nos ouvidos, não suportando um minuto longe de suas pernas, desliga-se de qualquer aproximação e é capaz de dar agora um descarado e sem sal beijo na bochecha?

Se o homem te ama, demonstrará apego, oferecerá o peito para sua cabeça, segurará sua mão, alisará os cabelos, continuará beijando na boca, comentará algo engraçado para distrair a seriedade daquele momento.

Se o homem te ama permanecerá perto, respirando longamente a falta de ar.

Completamente dispensável o telefonema do dia seguinte para definir se é ou não é amor. Quando o homem te ama, torna-se óbvio, redundante, até piegas, deseja ainda agradar mesmo saciado.

RETÓRICA CAFAJESTE

Quando não amamos, queremos ter controle do amor do outro.

É um sadismo inconsciente, mas acontece.

Você pergunta tudo o que não sente para ver se a outra pessoa sente, e exercer assim uma maior influência.

O resultado traz uma satisfação de poder.

O homem, quando não está apaixonado e principalmente no início da relação, costuma usar uma retórica cafajeste. Ele projeta, em tom interrogativo, o contrário de suas certezas pessoais.

Perguntará para a mulher: Está com saudade?

Perguntará justamente porque não sente saudade, mas tem o desejo de ouvir pela vaidade de subjugar alguém.

Ou fará advertências bem-humoradas: "não consegue ficar longe, né?" ou "cuidado, não vá se apaixonar por mim!".

A provocação é desapego, por mais que transmita a falsa ideia de comprometimento. A possessividade — impor restrições e limitar a liberdade — fica próxima da tortura, já que ter é não mais precisar, ter é assegurar a supremacia, ter é apenas desfrutar de uma confortável disponibilidade.

Quando o homem questiona e não assume o próprio sentimento é que ele se encontra longe de qualquer vínculo. Quando o homem não fala dele e repassa a responsabilidade é que não foi flechado pela paixão.

O interrogatório sobre a dependência disfarça a ausência de interesse.

Numa posição desprovida de sofrimento, pretende fazer sofrer e prender a sua companhia.

É um sinal do autoritarismo da sedução, absolutamente unilateral, de clara dominação psicológica, e não resultado do enamoramento recíproco, em que os dois mergulham em igualdade de condições (inseguros como são os apaixonados, com medo das consequências e da intensidade das experiências).

A impostura de uma das partes — pois repare no quanto é artificial o questionamento — integra um jogo onde confessar a ligação é perder, onde confessar a dependência é abrir a guarda, onde confessar é não mais recuar nas palavras ditas.

O que ele ambiciona é que ela assuma precocemente o amor para pôr um fim à conquista.

Ao declarar que não há como viver longe, oferece o troféu que ele espera: tem uma nova prisioneira emocional para visitar à vontade na cela dos costumes e atender aos seus caprichos.

Cumpriu o que almejava com o mínimo esforço, despreocupa-se imediatamente em cortejar, pode relaxar e partir para outra caça.

MATURIDADE OU INDIFERENÇA

— Você é jovem e ainda viajará bastante, conhecerá o mundo, não deve adiar os seus sonhos por ninguém.

— Gosto do jeito que é, não mudaria coisa alguma em você.

— Sou contra pagar a conta, pois dividir valoriza o seu trabalho.

— Não tenha pressa de se envolver, vamos devagar, seguindo o seu ritmo. A relação é uma construção.

— Já teve quantas histórias? Afinal, se você transa bem é consequência daquilo que já viveu.

— Hoje é melhor eu ficar sozinho para aumentar a saudade.

— Pode se abrir e me contar o que quiser, não há com o que se preocupar. Antes de tudo, somos amigos.

— Não precisamos nos encontrar todo dia, desejo que não perca a sua independência.

— Você está certa, como sempre.

— Estou passando por uma fase de autoconhecimento e você tem sido extremamente compreensiva.

— Beba com as amigas, vá a festas, a sua felicidade vem em primeiro lugar.

— Eu entendo o que você sente, somos muito parecidos.
— Não quero que sacrifique a sua liberdade por mim.
— Ciúme é burrice, feito para quem busca mandar no outro.
— Estarei aqui quando precisar.
— Tem todo o meu apoio.
— Você é muito importante para mim, não há necessidade de nenhuma prova.
— Sexo não é tudo, há tanto numa relação para se aproveitar.
— Estava escrevendo para você quando me escreveu.
— Você não me sai do pensamento.
— Não ligo para a beleza, eu presto atenção na autenticidade das pessoas.

....

— Nossa, como você me aceita! Nunca encontrei um homem tão seguro, independente, maduro, compreensivo, equilibrado, calmo, esclarecido, nem um pouco possessivo, capaz de me incentivar sem nenhum egoísmo, sem nenhuma pressão.

(O que ela não sabe é que ele só é assim porque não está apaixonado.)

ESCALA MASCULINA DE IMPORTÂNCIA

Se o homem convida a mulher para sair de um dia para o outro, ela é a sua prioridade. Não duvido que não tenha se apaixonado, ainda mais se é final de semana.

Se o homem convida de manhã para sair à noite, ela é uma de suas primeiras opções, mas não a única.

Se o homem convida de tarde para sair à noite, ela faz parte do segundo escalão do Facebook, ainda é importante, um CC (Cargo de Confiança) de respeito, mas não foi a primeira a ser chamada.

Se o homem convida de noite para sair de noite, ela é do terceiro escalão, CC do CC da beleza. Ela pode supor que é improviso, só que a verdade é que ele tentou muita gente antes.

Se o homem convida de madrugada para se ver de madrugada, faz favor de não atender, é carência. Não achou ninguém e somente quer transar.

A mulher odeia compromisso em cima da hora. Não abre mão do tempo para se arrumar e se preparar para o encontro. Aceitará apenas se também estiver desesperada.

HOMEM IDEAL

A mulher tem implicância com o homem engraçado, diz gostar, mas não aguenta. Tem repulsa do piadista, aquele que desfia seu repertório de piadas depois de um almoço ou janta, transforma seus dentes num palco iluminado e mergulha num stand up de duas horas.

Mulher prefere quem entende o momento de rir e de ser sério e não demora demais nem num espírito, nem no outro. Espera versatilidade e pontualidade, que veja a hora de ser leve ou solidário, de modo nenhum alguém que invente comédia e force bom humor quando ela está sofrendo.

Deseja mesmo o gracejo, não o sorriso escancarado de chorar. A mulher reserva a gargalhada para seus amigos, já para seu namorado anseia rir com o rosto, rir bonito, não rir de qualquer jeito.

Complicado corresponder às expectativas femininas. É preciso definir um ponto de equilíbrio. Não encarnar um extremo, mas compor sutilezas dentro do comportamento.

Homem tem que ter firmeza, não força. Demonstrar segurança em suas ideias e atitudes, não necessariamente ostentar músculos e barriga tanquinho. Virilidade vem da determinação, surge do caráter. Carregar a alma de uma mulher é mais difícil do que levá-la nos braços pela casa.

Homem tem que ser corajoso, não confundir com precipitação. Coragem é sequência, manter a vontade imperiosa de amar, apesar das dificuldades e senões. Jamais desistir no primeiro obstáculo.

Homem tem que ser romântico, não desesperado. Surpreender e se declarar como se fosse simples e natural, evitando a soberba da emoção e o autoelogio.

Homem tem que ser sincero, não grosseiro. Pontuar a verdade olhando nos olhos e sempre perguntando como sua companhia vê a situação. Decidir junto enquanto é dúvida, não relatar o que já foi feito.

Homem tem que ser sensível, mas não chorão. É se emocionar sem ocupar o papel central, flertar a tristeza com muita alegria, como faz o samba, e não exagerar na tinta de suas lágrimas.

Homem tem que ser compreensivo, mas não submisso. Ouvir, entender e se posicionar, ainda que provoque discordância.

Homem tem que ser sexy, mas não performático. Não invente de fazer um strip-tease e pole dance. Estragará toda a reputação construída ao longo deste texto.

VIAGRA NATURAL

O maior afrodisíaco do homem é se sentir desejado. É de menos a beleza e a aparência, por mais que soe cabotino de minha parte, o homem se apaixona quando vê que é desejado. Muito desejado. A descrição aumenta o prazer, a antecipação reforça a vontade.

É irrelevante se a mulher é alta ou baixa, loira ou morena, feia ou miss, com quilos a mais ou a menos, o que adiciona coragem no homem é o discurso arrebatado, a volúpia e a excitação de sua companhia.

A dúvida alimenta o imaginário feminino; por sua vez, é a certeza que impulsiona o homem. A convicção. O filme precisa ser legendado e dublado ao mesmo tempo. Qualquer desconfiança do objeto amoroso desencadeia desvalia e ressentimento.

Quando a mulher desenha, diz o quanto o quer, quando promete e anuncia o que fará, quando explica o motivo dele ser o eleito, o homem pira de felicidade.

Ele joga melhor com a vantagem no placar. Odeia ser humilhado e constrangido — é um carente, é uma criança emocional, busca reconhecimento no sexo e no amor. Ele se afastará do relacionamento que subestime o seu desempenho ou o critique em demasia. Não é maduro o suficiente para rebater as ofensas e seguir adiante.

Excitação masculina é elogio, é declaração de exclusividade, é manifesto de virilidade. Facilmente influenciável, folgadamente impressionável, depende do retorno efusivo, da resposta para definir se está agradando. Pode bajular que ele não se importa, pode exagerar que oferece um desconto.

Todo homem é um político na cama, refém do Ibope, das pesquisas de opinião, da crença do voto. Não vive sem o panfleto, o folder de suas realizações e de sua propaganda eleitoral.

Sua alegria é tributária dos enredos e das fantasias, das mensagens picantes e áudios fora de hora, das insinuações ao telefone. Ele gosta da preparação, do aviso, de alguém que se renda aos códigos e dialetos da intimidade.

Pois ser procurado ou procurar é para o casal que transa pouco e não se provoca ao longo do dia, é problema de quem não está conectado sexualmente.

Mas não se deve confundir desejo com submissão. A submissão é broxante, envolve desagradável imposição e ausência de livre-arbítrio. O que ele anseia é ser escolhido pela mulher, adorado pela mulher, que ela confesse a plena excitação em seus ouvidos, que o beijo, o gemido e a palavra venham sempre misturados.

TORTURAS DO AMOR MENINO

Quando o homem começa a acertar no relacionamento, já sofreu muito.

Quando o homem começa a ganhar na paixão, já tem um histórico de derrotas no coração.

Quando o homem começa a ser feliz no romance, já apanhou bastante em sua infância.

Atravessou os piores sentimentos como a inveja, o ciúme, a desvalia e a saudade antes de experimentar o amor.

Como ele amadurece bem mais tarde do que a mulher, não tem igualdade de condições para arrebatar suas colegas de escola.

As gurias do fim do Primeiro Grau, na minha época, por exemplo, de 13 anos, só ficavam com os caras mais velhos, de 16 anos para cima.

A concorrência era desleal.

Nós, da mesma faixa etária, rascunhávamos bilhetes e jogávamos fora, ensaiávamos frases por dizer e gaguejávamos na hora de reproduzir o seu conteúdo arrebatado. Nossa interação se resumia a dividir a pastelina e o refrigerante. Ou a sonhar com uma aproximação durante o trabalho em grupos.

Mas bastava sair dos limites da escola que desaparecíamos. Não existíamos. Evaporávamos.

Vinham os forasteiros. Alguns na universidade, alguns de carro, alguns falando grosso, alguns de barba enquanto ainda exibíamos a penugem transparente de um bigodinho.

Sequestravam intelectualmente as nossas garotas. Para além da noite e dos nossos olhos.

A maior parte delas namorava com os caras fora do nosso círculo. Não tínhamos chance. Representavam homens feitos, com quarto para namorar e dinheiro no bolso.

Além da desvantagem do tempo, havia uma injustiça na divisão dos recursos. Sem privacidade, seguíamos com uma rotina cigana, migrando da praça de alimentação dos shoppings para os bancos das praças, indo a pé da escola naquela vaga esperança de economizar a grana do ônibus. Impossível levar qualquer menina para casa, sofreríamos com o inquérito e espionagem da mãe.

Aspirávamos à primeira relação com elas, mas nem atingíamos o degrau do beijo. Não queriam saber dos piás, dos fedelhos, das crianças que voltavam suadas do recreio, com o gambito das pernas e as costas arqueadas.

Não desfrutávamos de peitoral e da simpatia bronzeada dos surfistas.

Quantas meninas amei sigilosamente no Ensino Fundamental e jamais me declarei? Por quantas meninas chorei em segredo?

Restava-me ser o melhor amigo delas, o confidente, o corno manso do amor platônico.

Por isso, faço questão de ser mais velho. Sempre adianto a minha idade. Para recuperar os três anos que perdi no princípio da adolescência.

CHAVE DO TAMANHO

Você sabe que não deve adquirir uma roupa G para a mulher, mesmo que seja G.

Nem para ficar folgado. Folgado é pijama.

Não venha com a desculpa de que a modelagem da loja é diferente, e costuma ser menor e ajustada — apenas irrita a freguesia de seu coração.

Tampouco é um preconceito contra plus size, corresponde a uma mentalidade feminina de guardar as medidas para si. Já viu alguma mulher permitindo você acompanhar o visor da balança? É um caso similar.

Se pretende dar um presente, erre o número para baixo. O importante é como você enxerga sua namorada, não como ela está. Isso é que interessa para a sua companhia. Ela nunca estará realmente acima do peso se você ainda não notou. Comprar G é um atestado de óbito da reputação de gostosa.

Pense que será mesmo difícil acertar o estilo no escuro, ela trocará de qualquer jeito, então não sofra em acertar a numeração.

Compre M, que significa fazer média.

Caso seu alvará esteja vencido, arrisque um P, de pé-quente, será um troféu entre as amigas.

—Acredita que Mauro me comprou P? Não conhece nada.

Você achará que é uma crítica, mas significa o contrário, o equívoco vale pontos, ela estará envaidecida de sua ignorância. As colegas vão suspirar pelo cara perfeito que é.

A ingenuidade salvará a pizza, o chocolate, a mesa farta, a sobremesa do casal. Não banque o inteligente, o sabido, o espião das polegadas, que é capaz de desencadear uma dieta e uma histeria coletiva no armário.

É oferecer uma peça errada que as outras no cabide parecem acompanhar a insatisfação.

Não dê G para sua mulher, é algo que ela deve comprar por conta própria.

Não mostre foto de sua amada para a vendedora, não entregue o peso e a altura, não sopre detalhes da aparência. Não é o momento de ser realista.

Depois a mulher perguntará quem foi a vendedora somente para tirar satisfação.

Não crie caso, não transforme as araras das lojas em papagaios, conhecer bem sua cara-metade é desconhecê-la.

Escolha um modelo P ou M e acabou, sem estresse, rápido como pagar o bilhete do estacionamento em caixa automático.

É também necessário realizar uma campanha preventiva junto às mulheres. O sofrimento da etiqueta encontra um equivalente masculino.

Toda mulher tem a mania de renovar o repertório de cuecas de seu namorado. Primeiro muda seu perfume, depois investe na troca da roupa íntima. É um movimento que costuma acontecer no segundo mês de namoro, para marcar território e espantar definitivamente os fantasmas das ex.

Só que ela não pode cometer a gafe de comprar cueca P. De modo nenhum. É bullying. É dizer que você enquadra o instrumento do rapaz como pequeno, minúsculo, insignificante.

Ainda que sirva, ainda que seja exatamente o que ele precisaria usar, jamais cometa este crime sexual.

Não haverá espartilho, algemas e calcinhas rendadas que farão seu macho esquecer o trauma.

Cueca P é setor infantil. Cueca P é sunga mirim. Cueca P é piscina de plástico.

Tanto que acredito que cueca P merecia tarja preta, e ser vendida mediante receita médica.

Compre GG que ele inventará um jeito de amarrar na cintura, de guardar as sobras de pano, fará um quimono, converterá a cama em tatame.

A grande ilusão no amor depende de uma pequena mentira. Mas uma pequena mentira a dois, cúmplice, partilhada. Nunca mentir para enganar, e sim mentir para agradar.

SHORT...

As mulheres sempre têm um adendo, um complemento, uma explicação na manga. As informações jamais são absolutas. É você que não perguntou ou não ouviu até o fim. É pensar que entendeu e não entendeu ainda. É pensar que conhece e não conhece ainda.

Conversar com sua mulher é jornalismo investigativo. Não adianta se basear nas primeiras informações. Tem que checar, ir atrás, questionar, senão pode ser pego pelo contrapé.

Como a ala masculina resmunga e acredita em tudo, sofre revezes das aparências. Eu não fujo do enquadramento.

Minha esposa disse que não precisava mais comprar shorts. E confiei que era verdade. E era verdade. Mas não a verdade inteira. Era o princípio da verdade. A verdade para as mulheres é novela, em capítulos, não termina em um dia. Ela me pediu para controlar:

— Vestido e shorts estou ótima. Agora só posso reforçar o guarda-roupa com jeans, saia e sapatos! Me ajuda, tá?

Tá. Quando passeávamos pelo shopping, ela entrou em uma loja que nunca tinha visitado. Provou uma saia longa, gostou, ganhou ânimo para espiar outras peças, dei uma volta para deixá-la à vontade e, na hora que retornei, ela já estava experimentando um short.

Olhei a cena com pasmo, raciocinei muito antes de abrir a boca, mas fiz o papel chato de anjinho mau matraqueando no ombro:

— Não era mais para comprar short, lembra?

Ela me encarou com aquele riso enigmático, insondável, que nunca defino se é ironia ou compaixão:

— Ah, Fabrício, você entende tudo pela metade. Eu falei que não poderia mais comprar short... jeans! Este aqui é resinado, não tenho nenhum, toca para ver?

Toquei, ela saiu feliz da vida com uma nova sacola e eu percebi que é melhor não discutir.

Impossível ter certezas ao lado delas. Não é que as certezas femininas mudem, vão se aprimorando.

CASAQUINHO PRETO

Toda mulher tem um casaquinho preto, de malha, que custou barato e é uma companhia inseparável.

De aparência simples e discreta, o casaquinho é mais importante do que qualquer roupa de estilista famoso.

O casaquinho é aquele que ela diz para as amigas que deveria ter comprado dois e que jamais encontrará igual. E ela nunca compra dois, apesar de já ter amaldiçoado a avareza antes.

O casaquinho é uma segunda bolsa, tamanho seu valor prático, combate o frio do cinema, da saída de festa e de jantares.

Toda mulher que se admira tem um casaquinho preto, que cavou em uma liquidação como um dos grandes achados de sua vida.

É uma peça invisível que não estraga nenhuma combinação. É um travesseiro para os ombros. É uma vitamina C de pano para prevenir a gripe.

Não se habilite a segurar o casaquinho preto dela, é muito pessoal. Cometerá uma gafe. O máximo que pode fazer é ajudá-la a vesti-lo.

Nenhuma mulher aceita emprestá-lo. Não é gentileza, e sim invasão de privacidade, o equivalente a mexer em suas redes sociais.

O casaquinho é um objeto íntimo, intransferível, lingerie pelo lado de fora.

Não queira assumir a responsabilidade. Se tomar conta e extraviar, ela ficará enlouquecida e não perdoará a distração.

Casamento é bem capaz de terminar quando o homem inventa de proteger o casaquinho e acaba esquecendo em algum lugar.

Não corra riscos. Eu perdi um casaquinho num show. Amarrei na cintura. Ao pular e dançar como um negro gato no show do Luiz Melodia, deixei cair no meio da pista.

Estávamos felizes, radiantes, nos beijando e nos abraçando com furor, um casal antologicamente apaixonado em Porto Alegre, cantando as canções de cor e trocando risos caprichados. Quando, no intervalo de uma música, ela me perguntou "Cadê o casaquinho?", a noite mudou de feição, ela mudou de feição, eu mudei de feição vendo a noite e ela mudando de feição ao mesmo tempo. Paralisei minha boca em uma careta, porque ele havia sumido sem que percebesse.

Com a lanterna do celular, eu me postei no chão, me agachei como o aspirador dos dedos para reconhecê-lo entre latas e copos de bebida. Pisaram em minhas mãos, me empurraram, e nada de resgatar o pobrezinho.

Ela passou a madrugada lamentando o casaquinho, a manhã seguinte lamentando o casaquinho, o mês seguinte lamentando o casaquinho.

Era viúva do casaquinho. Não se falava em outra coisa.

Procurei corrigir o erro e adquirir um semelhante. E agravei a minha falha: só ela tem o direito de escolher seu casaquinho.

As mulheres não são difíceis, mas fetichistas.

CANGA

O homem tenta inovar com os presentes para sua mulher, e acaba reforçando sua incompetência. Não existe amigo oculto no casamento — tem que ser tudo explicado à exaustão, apontado, exposto em planilhas e exemplificado com fotos. É quase impossível agradar sua esposa. Conhece o número do pé dela, 35, e compra um sapato perfeito. Mas não serve, como? A forma daquela loja é maior, ou seja, o 35 é 36 e ficará folgado. Como é que não sabe disso? Retificando: é impossível agradar sua esposa.

Notei que ela estava precisando de uma canga. Mas minha conclusão não foi fruto da observação atenta e minuciosa, não pode ser enquadrada em uma virtude, nem ser vista como telepatia, ela disse dezenas de vezes que apenas contava com uma canga e que não sobrava tempo para lavar e secar. Qualquer idiota entenderia o recado.

Fui escolher o mimo em grifes de biquínis, quando não estávamos juntos. Optei por inovar. Nada de arco-íris ou uma paleta de cores de pintor. Eu me defini por uma sóbria, chique, verde-musgo, com rendas nas pontas. Descobri o tecido estendido estrategicamente numa mesa de centro e apontei:

— Quero esta canga!

Foi um momento de inspiração, aquilo que as mulheres chamam de "bater o olho". Não esperava que o estalo acontecesse com almas masculinas.

A vendedora ficou claramente constrangida, porém não se recusou a atender ao meu pedido. Demorou a descobrir um preço, já desconfiava que estava inventando.

Em casa, criei suspense, criei festa, fiz o que não se faz: aumentar a expectativa para diminuir o valor da compra. Ela recebeu com ternura, destacou a necessidade, elogiou o gesto carinhoso e sensível.

Na manhã seguinte, ela levou para a praia a canga velha, não a minha.

Desapontado, questionei se ela não tinha gostado ou guardava para uma ocasião especial.

— Gostei muito, vou usar como echarpe no inverno.

Inverno? Acho que errei a estação, o tamanho da canga (a que comprei tinha 60x60 e ela me explicou que o ideal é 98x1,20) e não duvido que não tenha levado a toalha de mesa da loja.

Realmente, eu me superei. Homem só tem liberdade para errar, jamais para acertar.

O CALÇO DA MESA

É muita sorte encontrar uma mesa manca no restaurante. Festejo o achado, ainda mais se estou acompanhado de minha mulher.

Não mudo de lugar, não peço ajuda do garçom, faço questão de sentar e apoiar os braços, com todo o meu peso, para determinar a inclinação. É sempre uma oportunidade para impressionar e mostrar para minha companhia que ajusto desequilíbrios e desafio desarmonias.

O perfeccionismo mata a cumplicidade. Casais se separam por intransigências mínimas acumuladas pelo tempo e nunca ditas.

Vejo a mesa manca como uma maneira sedutora de dar um recado: a imperfeição não me incomoda, conserto o mundo, estou disposto a enfrentar os altos e baixos de um relacionamento.

É uma demonstração de simplicidade diante dos problemas e também de compaixão pelos objetos quebrados.

A mesa manca revela o cuidado cavalheiresco do homem. É uma chance de expor suas verdadeiras pretensões românticas.

Há um toque óbvio de safadeza de minha parte ao usar poesia para passar uma mensagem. Aceito, mas seria absoluta ausência de sinceridade negar o meu dom. Um poeta não pode deixar uma mesa sofrendo em silêncio. É negligência. Como um médico que se recusa a atender um socorro durante sua folga.

Não reclamo, não sinalizo desconforto, não arredo o pé dali, costume de quem não pretende se incomodar sob alegação de que está pagando a conta.

Logo que assumo minha posição, já brinco:

— A mesa é uma mulher vaidosa e quebrou seu salto. Vamos ajudá-la a andar?

Com desinteresse ensaiado, tomo um guardanapo e enrolo a medida exata para formar um calço. Tenho o olhar clínico de um marceneiro, de um engenheiro das resmas de papel. Com uma rápida mirada, sei quantas dobras são necessárias para conter o desnível.

Minha esposa fica comovida e surpreendida com o gesto, relaxa mais comigo, percebe que pode estragar e não será abandonada, que pode enlouquecer e não será banida, que pode adoecer e será amparada e protegida.

NÃO ACEITE FACILMENTE

O entregador de pizza veio de galochas. Não estava chovendo. Galochas azuis. Eu pensava que apenas criança calçava galochas azuis. Um sujeito de 1,85m não combinava com o par infantil da Disney. Óbvio que perguntei o motivo.

Ele fez uma careta de contrariedade, mexeu os lábios em um sorriso invertido.

Entendi seu constrangimento e cutuquei:

— Foi sua mulher que exigiu, né?

Ele concordou com a cabeça.

O homem não tem como recusar os pedidos inusitados da esposa, o que ele pode fazer — por princípio moral — é não aceitar facilmente. Fincar resistência com a língua e os dentes. Opor-se com veemência para não criar o costume. Lutar antes de sussurrar seu sim murcho. Negar muito até sair com um blusão fofo de cores mortas (vinho, bege, creme).

Precisa negociar um desconto no fiasco, garantir o gol de honra, até que a nossa companhia — vendo que realmente não admitimos — nos rogue uma praga. Nesse momento, não há mais como negar. Toda mulher despeja uma maldição após o fracasso de sua chantagem amorosa. E acabamos e sempre acabaremos cedendo, supersticiosos como somos. Não temos como arriscar o futuro por uma bobagem.

A questão nem é recusar, já que seremos vencidos de qualquer jeito, é somente não se entregar de primeira, não colocar qualquer adereço sem espernear, senão sua mulher nunca mais vai respeitá-lo. Ela verá que é submisso e maleável. Permitirá assim que mande e desmande em sua aparência. Não terá fim o martírio. Abandonará a condição de marido para pastar como uma ovelha e oferecer lã à tonsura diária.

Mulheres se deliciam em testar nossa paciência, disfarçada do pretexto da preocupação. Tenho a desconfiança de que pretendem nos tirar do mercado ou antecipar nossa aposentadoria. O colete é uma das provocações femininas mais tradicionais. Não decifrei sua funcionalidade. É um pulôver amputado. Um pulôver com defeito de fábrica. Funciona para o século XIX, não para os dias de hoje. Elas buscam convencer a partir de um cuidado com a nossa saúde: — Ponha, para não ficar gripado. Prefiro morrer de pneumonia. Colete estraga a camisa, estraga os sapatos, estraga o terno. Engorda, engoma, infla o peito. O único colete que merece ser posto no casamento é o salva-vidas.

Outro item desesperador forçado pelo mulherio é o pijama. Um convite para o sono eterno. Só aceito pijama depois de 15 anos de casamento. É uma camisa de força. Bolsos, para quê? Não iremos dormir?

Para carregar os remédios!, é a explicação que resta. E o que é aquela abertura na calça? Por favor, transar com pijama não é retrô, e sim uma expedição arqueológica. Não é sexo, mas um legítimo coito.

ANTES E DEPOIS DO COFRINHO

O homem renuncia seus títulos de nobreza quando mostra o cofrinho.

Antes disso, ainda desfruta de chances de salvação e de terapia. Existem na trajetória masculina dois períodos da cristandade no casamento bem definidos: AC e DC.

No momento em que ele se agacha, na pose de mecânico distraído, com a calça arriada e o fundilho aparecendo, acabaram suas pretensões estéticas.

Não há desculpa para a falta de cuidado. Inútil alegar que estava arrumando o vazamento da cozinha ou procurando algo debaixo do sofá e não contava com as mínimas condições para se preocupar com os detalhes.

É pecar uma vez que o demônio da preguiça assume o corpo.

Após o vexame, o sujeito descerá a ladeira longe do trio elétrico. Cultivará a barriga, esquecerá o cinto, deixará crescer pelo no nariz e na orelha.

Será capaz de tudo: de sair na rua de abrigo rasgado, de roupão, de pantufas, de chinelos da Bela Adormecida. Não arcará com mais nenhum capricho e controle da aparência. Abandonou o time em campo.

Coitada de sua mulher. O próximo passo é usar calção sem cueca e não perceber o que está dentro ou fora do forro.

Expor o cofrinho é próprio de macho largado. Não terá mais nenhuma vontade de agradar. Sacrificou o último estágio da censura e da decência.

Não se penitenciará pelas constantes porquices dentro de casa. Confundirá intimidade com desleixo. Logo mais estará urinando de porta escancarada, palitando os dentes de boca aberta, soltando flatulência na cama e obrigando a sua companhia a cheirar junto debaixo do edredom e arrotando na mesa para pedir aplauso.

Testemunhar seu parceiro de quatro é tristemente inesquecível, e sempre pega a mulher desprevenida. Ela jamais percebe quando irá acontecer para se preparar e se defender. Pode ser na frente de uma geladeira ou do armário. A camiseta levanta subitamente, a calça cai e é tarde demais para fechar os olhos e não gravar a porção indefinida entre glúteos e gordura.

O berço do ogro é o cofrinho. A paisagem desastrosa de um traseiro desgovernado não provoca cumplicidade feminina, mas rejeição. E, principalmente, desperta uma dupla pena, do homem na posição de Napoleão perdendo a guerra e de si, por estar casada com ele e não ser nem uma Josefina para ter um amante de respeito.

DIFERENÇAS DE UM CASAL

Quando um casal se inscreve junto na musculação, paga adiantado um semestre, prevejo que somente a mulher ficará até o final.

A profecia não tem erro. Há sérias diferenças no comportamento das duas criaturas abençoadas pelo matrimônio.

O homem faz um dia de academia e já se sente forte. Já muda seu olhar diante do espelho. Já fala grosso com o zelador do prédio. Já acredita que inchou os seus braços. Já cria pose de halterofilista no banho. Já realiza um rancho em lojas esportivas — calção, meias, camisetas e tênis —, jurando que mudou de perfil. Adquire um potão de Whey. Já dispara selfies malhando. Já espalha para os amigos que é fitness, desmarca compromissos alegando que não pode adiar a sua corrida na esteira.

A mulher faz a estreia na academia e se sente mais gorda do que nunca. Bate uma tristeza de inverno, uma depressão pelas calorias acumuladas ao longo da relação. Diferente da ala masculina, ela não se ilude e vê tudo o que precisa perder de peso. Evitará fotografias por um bom tempo, começará greve de sexo, não comprará mais nada até recuperar a forma e é capaz de sair para a rua de burca na manhã seguinte.

Com uma semana, o homem se comporta como um veterano dos aparelhos e dos halteres. Dá dicas e se mete em toda a conversa sobre proteínas e carboidratos. Jura que realizou o maior sacrifício e que se encontra pronto novamente para a sunga. Mal começou e se acha o gostosão, apesar da barriga de pagodeiro. E o incrível é que não sofre de inveja dos musculosos. Pelo contrário, enxerga seus colegas tanquinhos com pena:

— Ai, que dó desse sujeito que não pode comer pizza, não pode tomar cerveja, não pode aproveitar a vida.

Com uma semana, a mulher reclama que nem doida dos abusos e sonha em reaver a marca de adolescente. Intensificará o treinamento para recuperar o condicionamento. Vai morrer de inveja de quem esbanja a barriguinha sarada e os glúteos duros — não falará de outra coisa em casa.

Depois de três meses, o homem abandonou a academia de tanto achar que estava bem e a mulher estará cada vez mais linda fazendo ginástica cinco vezes por semana.

Homem é deslumbrado e desiste fácil. Mulher é altamente crítica e não se engana. Jamais se engana com o próprio corpo.

NA HORA DE VER FILME NA CAMA

Tenho uma estratégia para dormir nos filmes e parecer que não estou de olhos fechados. Não falo de cinema, sagrado para mim, que não cochilo nem se for um documentário mudo, preto e branco e de cinco horas, mas daquele filme para ver na cama, escolhido um pouco antes da meia-noite, em horário altamente perigoso para quem acorda cedo. Sendo o filme bom, enfrentarei grandes chances de arcar depois com a insônia.

Apesar do medo de aguentar ou não aguentar, participo de nosso ritual familiar com entusiasmo, pois criei uma manha para sobreviver. Opto por um filme que já vi várias vezes. Óbvio que escondo a informação. Aliás, digo o contrário. Solto uma frase animadora que costuma encerrar nossa procura:

— Amor, faz séculos que desejo assistir este filme!

Diante do título que já frequentou até sessão da tarde, a mulher me encara com incredulidade, quase pergunta onde estive nos últimos vinte anos, quase questiona se não vim de uma ilha deserta. Certo de que sente pena das minhas lacunas cinematográficas.

Agora vem a melhor parte. Eu me agarro nela de conchinha, encaixo a cabeça em sua nuca cheirosa e levanto o queixo preguiçosamente em direção à tevê.

Sua pele é meu vício. Não resisto ao ópio confortável de sua fragrância, e desfaleço. Minha atenção na tela dura dez minutos. Ela pressente minha respiração pesada no cangote, e vira para conferir se dormi. Nesta hora, levanto as pálpebras assustado e finjo que continuo assistindo. Ela não acredita, está na cara que me entreguei. Como conheço o filme de cor, repito o que aconteceu naquela cena e conquisto o direito da dúvida. Sofro mais vinte apagões antes dos letreiros finais.

De manhã, durante o café, enfrento o inquérito sobre a dissimulação.

— Não dormiu, né? Então me conte como o filme termina?

Descrevo as cenas com detalhes impressionantes, sutilezas, reprodução de diálogos. Convenço e fico solto para viver a impunidade de mais uma madrugada.

FELIZARDOS OS CASAIS DA MANHÃ

O sexo de manhã estabelece anticorpos contra a infidelidade. Casais que preferem o turno matinal desarmam qualquer pulada de cerca.

É um escudo para amantes. Uma cerca eletrônica na aliança.

Dificilmente a esposa ou o marido trairá com um envolvimento ao despertar do dia, seja rapidinha, seja média com pão e manteiga. O contato fervoroso logo cedo liquida com as dúvidas do relacionamento.

Estará com o cheiro de seu amor no corpo, a saudade quente, o gosto da cama da própria casa, é muita desfaçatez sair procurando mais, daí já é doença.

A tese de trair por falta de interesse do parceiro também cai por terra. Nem pode alegar a ausência de cuidado para flertar com terceiros.

O hábito ainda acaba com a compulsão dos tarados. Não há tentação que resista.

O sexo de manhã é prevenção. É marcação de território. Felizardos são os que praticam.

Quem terá vontade de transar em menos de seis horas? Improvável. Estará satisfeito demais para dar mais uma e correr o risco de ser pego.

Interrompe as estratégias dos amantes de se encontrarem ao meio-dia em hotel e no decorrer da tarde em motéis, suspende as escapadas dos intervalos do serviço.

É tudo muito recente para pensar bobagem. A culpa não lhe deixará responder sim para o inimigo.

Por sua vez, os casais que optam pelo tradicional sexo no fim do dia sofrem com o acúmulo de tarefas. Para transar, terão que enfrentar o cansaço do trabalho, os problemas e o sono. Podem adiar o prazer à espera de um final de semana redentor, que nunca chegará. A abstinência involuntária abre a guarda para indiscrições e convites na web. Não estarão mais sozinhos, mas rodeados de preocupações a respeito do pensamento silencioso de quem acompanha: será que ele me ama? Será que ela me quer? Por que não me procura mais?

A idealização sempre gera adiamento. Será uma maratona para abrir espaço a dois e criar clima entre banho, jantar, filhos, contas, tarefas, telefonemas, leituras, televisão. A noite gera desespero e extremismo. É agora ou nunca. Um vai querer mais do que o outro, um vai se incomodar mais do que o outro, um vai dormir emburrado por fracassar em seus ataques enquanto o outro dormirá triste por ser forçado a algo que não deseja.

Já os que realizam sexo de manhã têm uma vantagem. Vivem desobrigados, leves, podem reservar o entardecer para conversar, jantar e assistir novela. Não precisam pressionar nada, muito menos inventar desculpa como enxaqueca e indisposição.

E se, porventura, estiverem excitados à noite, será um bônus, uma promoção, um prêmio pela antecedência. Certamente despertarão inveja dos amigos: alcançaram a média nacional do mês em 24 horas.

BANHO SEMPRE JUNTO

Um casal de amigos toma banho junto todo dia.

Não é exagero: todo santo ou maldito dia. Ambos não abdicam do hábito.

Não se unem para sexo ou transas aquáticas, não se abraçam para sedução ou selvagerias líquidas.

Nenhuma pornografia como é possível imaginar. Pois casa não é motel, é refúgio do tumulto do mundo. Os espelhos não estão no teto, mas nos próprios olhos.

É banho para a ternura, para a transparência.

É banho para conversar e se atualizar, lavar o silêncio, acalmar a ansiedade.

É banho para chorar quando necessário, brincar de espuma, rir dos perigos e organizar os desmandos do trabalho.

É banho de amizade, de cumplicidade auditiva, de intimidade da pele, para saber como foram a manhã e a tarde de cada um e preparar a barca dos sonhos.

É banho em que os joelhos e os cotovelos são lembrados, em que as axilas e as costas são esfregadas.

É banho de açúcar, melhor do que o sal grosso para espantar o mau olhado.

Dividem o xampu e a esperança. Enquanto um se ensaboa, o outro se enxagua. O revezamento é perfeito como uma dança, como uma coreografia.

Estão nus, sem reservas, sem receios, sem caretas e poses, sem mentiras e distorções, com a humildade de se colocar à disposição.

Como Adão e Eva antes da maçã. Antes da amargura.

Adultos que escolheram a água como o refúgio infantil, puro, um confessionário onde nenhum filho abrirá a porta com novas urgências.

O box é uma piscina vertical, o box é uma hidromassagem de pé.

O box é uma varanda fechada, uma Veneza em miniatura.

O box é uma chuva particular, em que vão chapinhando nas poças e as vozes buscam alguma música brega para distrair as dificuldades.

E se um já tomou banho antes repetirá a operação para não perder a parceria. Mesmo que isso signifique tirar o pijama e deixar o calor da cama.

Não passam um dia sem tomar banho lado a lado. Descobriram que a lealdade é abrir um espaço fixo para a palavra.

Os casais devem tirar um momento de sua rotina para estarem absolutamente entregues. Um momento apenas de atenção integral, para renovar o ímã da felicidade.

Pode ser o café da manhã, o almoço, uma horinha de chimarrão no entardecer, uma caminhada pela praça, a leitura de jornais, o colo de uma novela.

É dividindo a solidão que os dois serão um só pela vida inteira.

SONHEI COM VOCÊ

Ninguém resiste a um sonhei com você.

"Sonhei com você" cria uma cumplicidade imediata, uma afinidade súbita. Mudamos o nosso olhar para a conversa e para o interlocutor.

Pode ser trova, pode ser chantagem emocional, mas é um recurso sedutor infalível.

No início da relação ou quando se é apenas amigo, o sonho é uma cantada que desperta a curiosidade.

Você procurará saber o que foi e o que estava fazendo no sonho de outra pessoa.

Mesmo os mais inteligentes e maduros, os mais céticos e descrentes, sucumbem à estratégia.

É um sinal claro de interesse e de disposição para começar algo, já que o inconsciente criou uma memória em comum, uma memória a dois.

Os homens, tarados por sua natureza, imaginam que são sonhos eróticos e cresce seu apelo pelo relato.

Não se dá muita chance quando alguém diz que pensou em você, mas quando diz que sonhou com você muda de figura e ganha toda a nossa atenção. O interrogatório do que aconteceu na mente alheia é inevitável.

Adere-se ao território das verdades secretas, aos símbolos do divã, à esfera mística das casualidades inexplicáveis.

Como contestar um sonho? Não tem como desmentir.

Nem criamos oposição. Queremos, no fundo, ser sonhados, ser conduzidos, receber sinais de anjos e de cupidos.

Na paixão, somos supersticiosos, somos místicos. Não marcamos encontros, abrimos cartas de tarô na alma.

Procuramos uma união que seja maior do que nossa força, que seja uma fatalidade, um destino agendado de vidas passadas.

Trata-se de uma facilidade sentimental, para não precisarmos justificar nossa escolha diante dos amigos e parentes. Pois foi o destino que definiu, não a gente, acabamos nos isentando de nossos gostos e predileções.

Se o sonho serve para estabelecer proximidade, o pesadelo é o elo para recuperar os laços.

Durante a separação, no momento em que perdeu o contato com o ex e a ex e não conta como pretexto para retomar o diálogo, o pesadelo vem como panaceia da saudade.

Do nada, pode mandar uma mensagem que sempre produzirá estrago: "Tive um pesadelo com você. Está bem?"

É óbvio que ganhará resposta. Pelo medo do castigo, da macumba e da maldição, e também porque não há como deixar uma preocupação sobre a saúde no vácuo.

Não perceberá que ela e ele procuram somente notícias de sua condição, é uma pescaria aleatória, com a meta de descobrir qual é o seu estágio de sofrimento.

O objetivo é o de menos. O pressentimento, ainda que ruim, demonstra falta e indica uma forte ligação espiritual. Várias reconciliações se deram por um pesadelo falso ou verdadeiro. Não há como se indispor, ainda que a briga tenha sido épica e a ruptura justa.

O pesadelo é o habeas corpus do amor.

O FIEL ESCUDEIRO DA GESTANTE

Um amigo veio com uma dúvida boba. Para o poeta, nenhuma pergunta é infantil, por isso ele me procurou:

— Eu e minha mulher dormimos hoje com seis travesseiros, não sei de onde surgiram tantos. Começamos a relação com apenas dois.

Estava assustado com a multiplicação, era misteriosa como a propagação infinita dos copos de requeijão na despensa da cozinha.

Eu sabia, intuía mais do que sabia. Ele apenas não se lembrava, mas o número triplicou quando sua mulher engravidou.

O travesseiro é o melhor calmante da grávida, o chá mais eficaz, o melhor amigo, já que é feito de silêncio, colo e cumplicidade.

Corresponde a um alívio, uma proteção, um escudo para não se machucar e não sofrer com a própria fragilidade. É também um GPS de plumas para quem não acha uma posição para dormir.

Ele passa a ser uma necessidade para aquietar o inchaço e moderar os enjoos e tonturas.

A grávida cria uma barricada de almofadas na cama. O marido guarda a sensação de que caminha em dunas enquanto descansa. É um sobe e desce que impede a movimentação noturna.

De manhã, a cama se transmuda em sofá. Experimenta sua função diurna, além da mera utilidade de descanso, fundamental para garantir a tranquilidade aeróbica na hora de assistir televisão e ler.

É travesseiro para apoiar as costas, travesseiro para levantar os pés e, principalmente, um travesseiro entre as pernas, o que chamo de amortecedor da barriga.

A guerra de fronhas na infância encontra a paz na vida da gestante. Mais do que uma trégua, é o fim do combate, do arremesso e das batalhas de penas.

O travesseiro é o apoio da planta que germina no sangue, é o esteio da árvore genealógica.

Para se ter um filho, é necessário antes formar uma família de travesseiros.

PAIS IDEOLÓGICOS

E quando você descobre que seu pai é racista, o que fazer?

Quando você percebe que seu pai acha absolutamente normal chamar alguém de macaco, que seu pai acredita que negro é preto, que é absolutamente contra cotas, onde colocar seu desespero?

Aquele pai amoroso, afetivo, preocupado, atento, dedicado, que trabalhou o tempo inteiro para que pudesse viver bem, tem um outro por dentro e é um outro por fora.

Qual o desencantamento quando você entende que ele é seu pai biológico, mas não é seu pai ideológico, muito menos seu pai espiritual, que não concorda com nenhuma de suas convicções sociais?

Ele é uma aberração para a sociedade resmungando daquele jeito no almoço. Não difere de um nazista defendendo a discriminação enquanto procura retirar com os dentes a carne do osso da costela.

Não usa guardanapo para falar, assim como usa para comer.

Eu não imagino o quanto o filho deve sofrer. Não é somente decepção, é uma humilhação interminável.

Pela distância de geração, não tem como convencê-lo. Ele se considera pai e superior, ele se considera pai e sábio, ele se considera velho e esclarecido. Grita e gesticula suas verdades equivocadas como se fossem naturais.

Espera que obedeça e concorde, mas é impossível ser indiferente.

Você apenas não consegue encaixar aquele pai educado e gentil com aquele pai preconceituoso e criminoso.

Mas são a mesma pessoa. A mesma gente.

Você tem amigos negros, já teve namoradas negras, o preconceito dói em si como se arrancasse sua pele, e seu pai encarna o que mais abomina: o ódio burro, a raiva escravocrata.

Como continuar sendo seu filho? Como cortar o cordão umbilical do abraço?

Não sei a resposta. Não sei o que dizer.

É um desencanto maior do que a morte.

Como separar os momentos felizes paternos das palavras coléricas e espantosamente injustas contra toda uma cultura?

Como falar depois disso que seu pai é ótimo, é sensível, é perfeito? Como escrever cartões elogiando sua emoção?

É igual com a mãe que é homofóbica.

E homofóbica quando o próprio filho é homossexual. Não tenho ideia o quanto sangra alguém rejeitado pela própria família. Alguém que precisa disfarçar seu temperamento, sua escolha afetiva, seus namorados, para não se opor à monstruosidade caseira.

Aquela mãe que colocou você no colo, que cativou sua adoração por histórias, que ensinou a cordialidade, que é cúmplice e delicada, vira uma fascista ao falar de gays. Confia piamente que sexo e amor só podem ser realizados entre homem e mulher, que a homossexualidade é doença, que a homossexualidade tem que ser tratada pela psiquiatria.

É tão comum testemunhar filhos que amam seus pais, mas que não têm como amar o que seus pais acreditam. O que fazer? Como prantear essa distância filial? Como enterrar a admiração pelas pessoas mais importantes de sua vida?

UM CASAL DENTRO DE CADA UM

Não compreendo o preconceito contra os gays. Jamais vou compreender, jamais vou aceitar.

Temos dentro da gente um casal. Um homem e uma mulher. Existem dois polos fortes e soberanos em nossa alma.

Pode-se oferecer o homem ou a mulher para o outro.

Não há somente um homem no homem, ou uma mulher na mulher.

O casal nunca é formado por dois, mas quatro. Duas mulheres e dois homens se alternando no campo de força das palavras e gestos.

Até numa relação heterossexual, o homem pode ser mais feminino e a mulher mais masculina. Até numa relação heterossexual, somos gays.

Como o relacionamento é um acerto de personalidades, completamos o que sentimos falta e corrigimos ausências. É um ato absolutamente automático e involuntário. Ao reagir na convivência, percebemos que nossa mulher não é ouvida e ela se acentua na rotina. Ou que o homem não é respeitado e ele se evidencia com maior intensidade no cotidiano.

A aparência social talvez exponha apenas um dos sexos porque nossa companhia já cumpre o espaço desejado.

O homem pode não precisar usar sua mulher porque a namorada preenche exatamente sua idealização. A mulher pode não precisar trazer à tona seu homem porque o namorado já atende às expectativas de modo definido e constante.

Somos homens ou mulheres por aquilo que também recebemos. Buscamos sempre equilibrar a balança e harmonizar os contrários.

Há pessoas que não alimentaram o feminino em si, a reunião de tudo o que receberam da mãe e das atrizes de sua vida, e são machistas. Há ainda aquelas que não alimentaram o masculino, conteúdo psíquico do pai e dos atores de sua vida, e são avessas aos homens. Há outras que não alimentaram nem feminino e nem o masculino e são homofóbicas.

A questão é o que você quer e o que carece, isso define sua condição. É uma escolha que vem das engrenagens amorosas, não da orientação sexual.

Nascemos espiritualmente com ambos os sexos, a heterossexualidade e a homossexualidade são consequências do amor.

A BELEZA DURA POUCO, O FEIO DURA PARA SEMPRE

Recebo semanalmente a imagem de algum sósia.

É um policial federal, é um taxista, é um DJ, é um comerciante.

Analiso os traços e vejo ou a careca ou a falta de sobrancelhas ou os olhos caídos ou os óculos graúdos ou o rosto ovalado, há em todos os casos uma característica irmanada. Não é um conjunto da obra, e sim um traço marcante em comum.

Minha vontade súbita é dizer que o sósia não tem nada a ver comigo, trata-se de um engano, para não padecer de pena do sujeito. Pois tampouco me interesso em dividir o bullying. O bullying é uma espécie de fama, de ibope, de monopólio. Sou muito egoísta e não quero partilhar o estrelato da zombaria.

Mas entendo as semelhanças. O feio nunca é parecido com o seu pai ou a sua mãe, sempre será parecido com os outros.

Quem é feio contará com uma multidão de sósias. O feio é um sósia de si mesmo. Uma cópia do que poderia ser. Se fosse galã de novelas, seria muito fácil encontrar dublês. Poderia ser um dublê atuando de frente às câmeras, que os telespectadores jamais notariam as diferenças entre o original e a imitação.

O feio não desfruta de riqueza de detalhes e de sobreposições genealógicas. Unidimensional, dono de uma economia facial. O excesso vem da penúria. Um simples olhar e estará tipificado.

Tanto que ele não deve fazer nenhuma caricatura na vida, recomendável evitar a redundância. Sua fotografia já é uma caricatura, saiu do ventre como uma caricatura. Estabelece a identificação imediata pelo seu excesso.

Seus defeitos chamam mais atenção do que suas virtudes.

Se a caricatura acentua as falhas — os dentes tortos ou o nariz adunco —, o feio traz os problemas ampliados desde a nascença. Aquilo que provoca o riso está estampado.

Só que o mal-estar acontece somente no primeiro contato.

Depois do choque, surge a irresistível atração pelo feio. Você se acostuma mais facilmente com o feio do que com alguém formoso.

Como você já viu de supetão tudo do que poderia não gostar, agora passa a não temer nada que venha dele.

Percurso vivido ao contrário com quem é bonito. Como você não enxerga os defeitos de cara tende a desgostar quando experimentá-los pouco a pouco.

A beleza traz a desconfiança (nada é conhecido para acreditar), por sua vez o feio oferece a tranquilidade (tudo é exposto para acreditar).

O que é esquisito incomoda de uma vez para não incomodar mais. O feio é a intimidade em pessoa, não esconde o que assusta.

O bonito é dissimulado, camufla as imperfeições por ângulos estudados no selfie e sufoca as oscilações do temperamento. O feio é honesto, ele é o que é, não tem como melhorar.

O feio desenvolve o charme com rapidez. O charme vem da convivência, é beleza inventada, beleza conquistada, beleza adquirida. Quem é bonito não precisa criar charme e perde a chance de ser carismático.

Um dia quem é bonito vai se acabar. O feio nasce acabado e não sofrerá com as suas transformações. A beleza dura pouco, o feio dura para sempre.

O feio nunca será bonito, mas ele é o único que pode ser adorável.

A BELA E A FERA

A mulher linda é a alma gêmea do homem feio.

Os dois são vítimas da aparência, com grandes dificuldades para demonstrar o que são por dentro.

Sou o feio de minha casa. Mas não enfrentei um bullying como o que aguentou a minha irmã Carla, uma boneca de tão formosa.

Eu fui debochado, chamado de ET, de monstro, de apelidos inimagináveis. Cansei de me envergonhar e de suportar os colegas rindo do meu jeito desengonçado. Porém mantenho o discernimento de que a Carla sofria mais: as pessoas por perto desconfiavam de sua inteligência. Não podia ser bonita e inteligente ao mesmo tempo.

A gozação era de outra ordem, caracterizada pelas indiretas.

No meu caso, o bullying era a gargalhada escancarada; no caso dela, era a conversa sussurrada.

No meu caso, o bullying era a ofensa gritada; no caso dela, era a suspeita silenciosa.

No meu caso, o bullying era a troça; no caso dela, era a fofoca.

No meu caso, o bullying era feito em minha presença; no caso dela, era construído em sua ausência.

Qualquer avanço precoce que ela alcançava na vida, pelos seus méritos e estudo, terminava creditado para a sua beleza. Os colegas insinuavam que encontrava facilidades por ser exuberante.

Não podiam admitir a sua genialidade e suas proezas como a láurea na faculdade de Direito da UFRGS ou o primeiro lugar no concurso do Ministério Público.

Ela cresceu obrigada a se defender do senso comum, que não admitia que ela pudesse ser também competente, que conservava a mania de achar que toda miss é burra, que todo mulherão precisa seduzir para conseguir os seus objetivos.

Enquanto muitos deduziam que ela lesse O Pequeno Príncipe, ela conhecia O Príncipe, de Maquiavel, de cor e desbravava os clássicos da política e da literatura.

A beleza nunca a favorecia, apenas atrapalhava. Trabalhou o dobro para ser aceita, e o triplo para ser reconhecida.

A mulher linda é tratada somente pelo seu físico, esvaziada de personalidade. São um preconceito e um machismo invisíveis, traficados pelo elogio do corpo.

A agressão acontece de modo psicológico e sutil, e o isolamento torna-se quase certo. Tem que se desvencilhar de cantadas ininterruptamente. Há uma dificuldade para encontrar amigos e chefes desinteressados. Sair na rua é aturar os assobios da construção civil e os olhares pornográficos. Existirá a inveja das amigas, que procurarão desmerecer o seu sucesso profissional. Professores esnobarão a sua imagem bem-vestida.

A mulher bonita corre sérios riscos de virar um alvo meramente sexual e jamais ser vista por inteiro.

Só ela entende o que o homem feio sente.

SEI QUE VOU MORRER JOVEM

Cada um segue o tamanho do seu tempo. Sempre fui ansioso, apressado, intenso, passional, fazendo várias coisas ao mesmo tempo e não desistindo de nenhuma delas até terminar. Raramente fui entendido. Só me receitavam Rivotril, chá e terapia. Estava errado em meu jeito de ir e voltar dos meus limites com constante voracidade. Realmente, não devo ser uma companhia agradável e tranquilizadora. Eu me encontro a 220 volts logo cedo, gargalhando ao tomar café. Quem aguenta? É um atentado violento ao pudor para aqueles que despertam devagar e reprisam a cama com o bocejo. O que mais escutei ao longo dos tropeços: — Vá com calma, tenha paciência.

Mas como disse: cada um atende o tamanho de seu tempo. O espaço concedido para sua jornada.

Como determinar se não me apresso pois meu tempo aqui é curto?

Não prevemos quando iremos morrer, o que dá uma sensação falsa de dilatação etária. Todos se imaginam velhos, todos se imaginam com netos enchendo a casa. Se soubéssemos quando nos despediríamos, o que teria de gente com urgência de viver. Deixaria o pudor para trás, encheria a cara de coragem para ser inesquecível na mais tola banalidade. Gente como eu, atropelando o bom-senso pelo beijo mais longo e pelo abraço mais apertado. Gente como eu, com a instabilidade cardíaca, com o coração inchando dia a dia. E seriam normais porque estariam aproveitando seu fim com a consciência da entrega. Não seriam mais inconsequentes ou afoitos, e sim destemidos em adiantar o legado e se corresponder de modo franco e sincero. Não mentiriam, não adiariam, não elaborariam planos, porém tomariam unicamente decisões. A mentira apenas existe para os que confiam na longevidade. A verdade, por sua vez, já é habitar a palavra no instante em que a pronunciamos. É ser o possível, não ser o que idealizamos, não se prender em amarras imaginárias e obstáculos invisíveis.

Meu temperamento vulcânico me aponta que não vou viver muito. Não há como viver muito, por mais que ame a vida e toda gentileza que recebo. Sei que morrerei jovem. Existe um pressentimento que é tristemente alegre. Choro mais quando estou alegre e rio quando estou triste. Tudo me emociona, pois criei uma atenção como nunca antes. Já descobri que emoção é ouvir, vaidade é falar. Eu me enxergo quase histérico diante de beleza e tremo de excitação hoje com uma canção, um filme, um passeio de barco ou de bicicleta, o fio de cabelo da mulher em minha barba, a graça dos filhos com minhas gafes.

Não posso obrigar qualquer um a vir comigo, tampouco desejo inspirar compaixão. O que me resta é convidar, com meus olhos caídos, a levantar a transparência.

Parafraseando Rosa: ninguém morre, ficamos transparentes. Ao cabo de nossa respiração, maravilhosa respiração que balança as árvores, desaparecemos cristalinos, cristais de nossas lembranças.

Não me interprete mal: não tenho eternidade (nem mais é questão de tempo) para perder.

DIFERENTE DE VOCÊ

Minha amiga, você tem pavor de fazer promessas e dividir ilusões. Você abomina a ideia de pertencer novamente a alguém. Você recusa planos, evita expectativas, não suportaria a reincidência da frustração. Nem dorme para não sonhar, nem sonha para não acordar, nem relaxa para não ceder suas reservas ao cansaço.

Você me diz que está traumatizada por antigos relacionamentos. Você está arredia, temerosa, vacinada. Você está cautelosa, consciente, ressabiada. Você não cometerá os mesmos erros, trocará o percurso para mudar o jeito de caminhar, como se o caminho já não estivesse preso ao ritmo da cintura.

Você me avisa de suas reservas, de seus desfalques, de suas limitações, do pouco que pode oferecer. Você impõe suas dores, a pretexto de ser sincera a qualquer custo. Mesmo que seja necessário atropelar, passar por cima, patrolar todos que não concordam.

Confunde maturidade com amargura, sabedoria com prevenção, discernimento com ceticismo.

Fico com vontade de rir, rir de nervoso, rir de bobo, rir de tolo, rir de idiota, já fui você e desaprendi rapidamente. Já acreditei que, endurecendo a pele, o osso estaria menos exposto.

Mas, diferente de você, não serei sincero, serei gentil. A gentileza é sinceridade emocionada. A gentileza é confiar desprezando o que foi vivido, é confiar sendo inédito.

Diferente de você, não empobrecerei a minha vida para sofrer menos.

Minha imaginação é livre, meu coração é livre, meu corpo é livre para tombar ou subir. O medo seria o fim da minha liberdade.

Diferente de você, largarei os traumas na sala de espera da terapia ou restringirei quem não tem culpa do meu passado. Pois o futuro não é rascunho do passado, o futuro ainda não é nada.

Diferente de você, cada encontro sairá das órbitas dos velhos amores, do repuxo dos astros, da ressaca das estrelas; cada romance terá suas leis, sua força, sua química, sua honestidade ignorante, esta crença de dar certo como nunca antes.

Absurdamente diferente de você, a fé e a esperança não andam juntas, a minha fé começa quando termina a esperança.

SOBRE O AUTOR

Natural de Caxias do Sul (RS) e radicado em Porto Alegre (RS), Fabrício Carpinejar vem criando uma prosa absolutamente sincera e passional.

É poeta, cronista, jornalista e professor, autor de trinta obras na literatura, entre livros de poesia, crônicas, reportagem e infantojuvenis.

Atua como apresentador da TV Gazeta, comentarista do programa *Encontro com Fátima Bernardes*, da Rede Globo, e colunista dos jornais *Zero Hora* e *O Globo*.

Ganhou vários prêmios, entre eles: o 54º Prêmio Jabuti (2012) com o livro Votupira e o 51º Prêmio Jabuti (2009) com o livro *Canalha!*; o Erico Verissimo (2006), pelo conjunto da obra; o Olavo Bilac (2003), Academia Brasileira de Letras; o Cecília Meireles (2002), da União Brasileira de Escritores (UBE); quatro vezes o Açorianos de Literatura (2001, 2002, 2010 e 2012).

Foi escolhido pela revista *Época* como uma das 27 personalidades mais influentes na internet. Seu blog já recebeu mais de três milhões de visitantes, seu perfil no Twitter ultrapassou duzentos e noventa mil seguidores e sua página do Facebook recebeu mais de quatrocentos e quarenta mil *likes*.

Integra coletâneas no México, Colômbia, Índia, Estados Unidos, Itália, Austrália e Espanha. Em Lisboa, a Quasi editou sua antologia *Caixa de sapatos* (2005). Também em Portugal, a editora Quatro Estações lançou, em 2014, o livro *Ajude-me a chorar*.

Já participou como palestrante de todas as grandes feiras e festivais literários do país, como a Jornada Nacional de Literatura de Passo Fundo e a Festa Literária Internacional de Paraty (FLIP), além de ter sido patrono de diversas feiras de livros.

E-mail: carpinejar@terra.com.br
Facebook: www.facebook.com/carpinejar
Instagram: @fabriciocarpinejar
Twitter: @carpinejar
Blog: www.carpinejar.blogspot.com.br

Impresso no Brasil pelo
Sistema Cameron da Divisão Gráfica da
DISTRIBUIDORA RECORD DE SERVIÇOS DE IMPRENSA S.A.
Rua Argentina, 171 — Rio de Janeiro, RJ — 20921-380 — Tel.: (21) 2585-2000